［日］大野耐一 著　姚山宏 译

# 丰田生产方式

トヨタ生産方式
脱規模の経営をめざして

中信出版集团 | 北京

图书在版编目（CIP）数据

丰田生产方式 /（日）大野耐一著；姚山宏译. -- 北京：中信出版社，2024.4（2025.3重印）
ISBN 978-7-5217-6419-2

Ⅰ.①丰… Ⅱ.①大…②姚… Ⅲ.①丰田汽车公司－工业企业管理－生产管理－经验 Ⅳ.① F431.364

中国国家版本馆 CIP 数据核字（2024）第 052336 号

TOYOTA SEISAN HOSHIKI
by Taiichi Oono
Copyright © 1978 Taiichi Oono
Simplified Chinese translation copyright © 2024 by CITIC Press Corporation
All rights reserved.
Original Japanese language edition published by Diamond, Inc.
Simplified Chinese translation rights arranged with Diamond, Inc.
through Hanhe International (HK) Co., Ltd.
本书仅限中国大陆地区发行销售

丰田生产方式
著者：　[日]大野耐一
译者：　姚山宏
出版发行：中信出版集团股份有限公司
　　　　（北京市朝阳区东三环北路 27 号嘉铭中心　邮编　100020）
承印者：　北京盛通印刷股份有限公司

开本：880mm×1230mm 1/32　印张：7.75　字数：130 千字
版次：2024 年 4 月第 1 版　　　印次：2025 年 3 月第 2 次印刷
京权图字：01-2024-1820　　　 书号：ISBN 978-7-5217-6419-2
　　　　　　　　　　　　　　 定价：59.00 元

版权所有·侵权必究
如有印刷、装订问题，本公司负责调换。
服务热线：400-600-8099
投稿邮箱：author@citicpub.com

# TOYOTA

# 目录

**推荐序一** 关明生 / VII
**推荐序二** 村松林太郎 / XI
前言 / XV

## 第一章　立足于需求 / 001

石油危机唤起觉醒 / 002
"低速增长"很恐怖 / 004
"赶上美国" / 006
丰田生产方式的两大支柱 / 008
打破常规 / 009
让机器拥有人的智慧 / 012
个人技能与团队协作的相辅相成 / 015
目标在于降低成本 / 016

日本企业的错觉 / 018

构建生产流程 / 020

为"前松后紧"吃尽苦头！/ 022

需求第一 / 024

必须革新观念 ………………………………………… 027

# 第二章　丰田生产方式详述 / 031

能够反复追问五个"为什么"吗？/ 032

对浪费进行彻底分析 / 034

我的现场主义 / 038

亲自动手制作标准作业表！/ 040

团队协作至关重要 / 043

交接棒的奥妙 / 046

从超市得到的启发 / 048

何谓"看板"/ 051

一知半解后患无穷 / 053

变"反常识"为"常识"的才气与胆识 / 056

"构建流水作业生产线"是基础 / 060

灵活运用权限推进实施 / 063

堑山堙谷 / 066

向"均衡化"挑战 / 068

"均衡化"与"多样化" / 071

利用"看板"促进改善 / 073

"看板"和台车是搭档 / 076

"看板"的灵活性 / 078

赋予企业"反射神经" / 080

在需要的时间提供所需的信息 / 083

丰田特有的信息系统 / 085

微调的作用 / 089

应对变化 / 091

真正的"效益"是什么？ / 092

重新审视浪费的危害性 / 096

挖掘"潜力" / 099

"认识"的真正含义 / 101

用"整体作业系统"武装自己 / 104

不虚张声势 / 106

需求决定一切 / 109

"龟兔赛跑" / 111

发挥老设备的价值 / 113

正视现实 / 116

0.1 个人也是 1 个人 / 119

忍术式的经营 / 122

行动才有意义 / 125

构建赚钱的工业工程 / 126

度过低速增长时期 ................................................. 129

## 第三章　丰田生产方式的渊源 / 133

我一直置身于"具有共性的世界" / 134

两位杰出人物 / 138

永不服输的精神 / 141

将科学性与合理性相结合的丰田主义 / 144

厂房可以简陋但机器不容将就 / 148

追求日本特有的制造方法 / 151

制造有价值的产品 / 154

大处着眼，小处着手 / 157

追求日本特色 / 160

辩证式的发展 ................................................. 164

## 第四章　福特生产方式的真谛 / 169

福特生产方式　　/ 170

压缩批量，迅速变换程序 / 174

亨利·福特一世的先见之明 / 177

必须自己制定"标准" / 181

预防比治疗更重要 / 185

福特方式后继无人了吗？ / 188

逆向思维与企业家精神 / 192

摆脱数量与速度的牵绊..........................................195

## 第五章　在低增长中求生存 / 201

诞生于高速增长时期的体系 / 202

如何在低速增长时期提高生产效率 / 205

学习古人，培养灵活的头脑................................209

附录　主要术语集　/ 214

后记　/ 227

# 推荐序一

关明生
阿里巴巴前总裁、首任 COO，
创业者和企业家教练，畅销书《关乎天下》作者

作为一个从"老经济人"过渡到"新经济人"，并有一些经营管理实践成果的阅读者，我认为大野耐一先生的经典著作《丰田生产方式》并不专属于汽车生产制造业，而是值得各行各业的经营管理者、创业者研读，因为它不仅是精益生产理念的源头活水与实践典范，更是提供了一些日常管理、发展生意及发展人的原则。

丰田生产方式的基本思想在于彻底消除浪费。以准时

化和自働化①为两大支柱，贯穿持续改善的理念，通过人的努力和挖潜来实现低成本高质量交付。

准时化，不仅仅是简单的到点交付，严丝合缝减少库存，更有"预则立"的思想，把工作做在前面，在各个方面进行充分的问题预防管理。其中，需要调动大家的创造性和主人翁参与意识。

现在很多年轻的创业者很有激情冲击高目标，对团队绩效管理的重点也会放在高目标分解和奖惩激励上。而创业成功需要一步一步靠谱地达成目标，靠谱的目标来自靠谱的预测，这些无不需要前线员工对自己的客户深入了解，和管理者对员工的充分了解，我们在了解的基础上做好充分的准备，"预则立"！

对于自働化，随着新技术的日新月异，引入高效率的自动化设备已经不是难事，但如何实现高智慧的自働化——工作流程当中哪些应该标准化，哪些应该通过标准化释放出人的智慧去做更增值的事情，是值得我们思考和实践的。大野先生书中的很多例子，以及各种解决方案的

---

① 为尊重作者的原始表达，强调丰田的"自働化"是"'动'字有人字旁的自働化"，并按照业已形成的行业认知，本书沿用了作品之前多个版本中"自働化"的说法，特此说明。——编者注

比较，精妙地体现为自働的"働"字是带人字旁的——不是把人当机器，而是要赋予机器和流程人的智慧。

持续改善，是一个正确但艰难的事情，但我们不能因为持续改善的结果很难快速显性地反映在财务数据上，就懈怠或放弃，因为经营管理没有正确答案也没有灵丹妙药，只有不忘初心，不断反思，不断创造，才能稳定地拿到结果，或者更上一层楼。

大野先生的这些倡导是经营管理的深厚基本功，也是各位创业者修炼和学习的目标，特别是让他们在市场下滑和风高浪急的环境中不会自乱阵脚，有足够的条件谋定而后动，先立于不败之地，以期将来的转机！

同时，这也是引导企业从粗放走向精细、从优秀迈向卓越的行动指南。

强烈推荐大家阅读。致敬大野先生！

# 推荐序二

村松林太郎
日本早稻田大学理工系教授

在世界各国都在针对生产方式开展各种各样研究的背景下，日本人也推出了卓越的生产方式。丰田生产方式就是其中的一个代表。这一具有创新性的生产方式是由丰田汽车工业公司副社长大野先生，历经大约三十年的岁月开发出来的。如今，这种生产方式已经取得了丰硕成果，今后也必将无往而不胜。

一般而言，由众多生产工序构成的多工段生产方式分"推动方式"和"拉动方式"两种。前者是根据某一时期的需求预测和在制品库存量，计算出计划产量，根据各个工段某一时期的标准材料来确定先行生产时间，并从前面的工序开始一步一步地推进产品的生产方式。这也是一种人们普遍采用的生产方式。后者是最终工序在某个时间仅仅让前面的工序提供所需数量的物品，并使这种方法贯穿整个生产过程。这两种方式各有千秋。具体采用哪种以及如何有效地加以利用，取决于企业的经营者、管理者在经营责任方面的观念与实践过程中的创新努力。

从形式上看，丰田生产方式属于后者。如果我们想知道为什么丰田生产方式能够取得如此优异的成果，就不能只关注作为形式的"看板"、各种现象，理解构成其基础的理念和创意才是最为重要的。此外，我们也不能忽略丰田汽车工业公司在过去的三十年里，为了践行其观念，通过推行丰田生产方式，在兼顾以人为本与提升综合效率的过程中逐步构建起来的众多覆盖全公司的创意平台。

如果忽略了对这些基本问题的理解，仅仅从形式上引入"看板方式"，我认为非但不会取得成果，反而会引发更多的问题。

从这个角度而言，此次，作为丰田生产方式最高负责人的大野先生，把他自己的理念和创新的构思都毫无保留地写入了这本书，对产业界具有重大意义。

多年以来，我一直非常关注丰田生产方式，从大野先生的思维和理念，以及支撑这种思维和理念的众多富有创造性的成果中，学到了许多有关生产体系的理论与方法。

大野先生虽然为人质朴，却永远保持一颗勇于打破固有观念的挑战之心，富有为开发新型的、符合实际的生产体系和生产技术不达目的决不罢休的意志力。他还能运用自己从长期、丰富的经验中练就的眼光，从科学的角度对生产现场进行评估，并且拥有准确、迅速地完成改进的能力。他的这种技能是不可多得的。

在阅读这本书之后，如果仅将其中一个事例应用于生产现场，恐怕难以实现有效的改进。各位如果真正想从本质上改善自己的企业，提高生产效率，那就必须正视自己的生产现场，在开动脑筋的同时，细细体味这本书的真谛所在。如果能做到这一步，即使各位的企业在行业、形态上与丰田汽车不同，你也能领悟到哪些对自己公司的发展是重要的，以及应该如何进行改善。

到目前为止，尽管大野先生曾做过很多演讲和现场指导，但是一直都没有像这本书这样的著作，从历史的角度系统地论述大野先生的经营观念、思维的根源以及在此基础上产生的丰田生产方式。因此，除了生产负责人，我也向企业经营者、管理者力荐这本书。

# 前言

　　丰田生产方式在1973年秋季石油危机爆发之后逐步引起社会的关注。我认为原因在于人们重新认识到，同样置身于石油危机之后的经济低速增长环境中，相比其他公司，丰田汽车工业公司取得了较好业绩，展示了更强的抗萧条能力。

　　第二次世界大战以后，日本汽车工业背负着一种宿命，即受到"小批量多品种生产方式"的市场制约。这样的环境催生了丰田生产方式。为了与欧美汽车产业已经确立的"大批量少品种生产"方式抗衡，为了企业的生存，我们经过长期的反复试错，终于推出了这种生产方式及生产管理方式。

丰田生产方式的目的在于通过彻底消除企业内部的一切浪费来提高生产效率。这是丰田汽车工业公司从丰田佐吉老先生、丰田喜一郎先生的时代直至今天积累起来的历史财富。

我们的初衷是探索一种适合日本经济环境的独特方法。出于不让其他公司，尤其是发达国家的公司轻易解读，甚至不让它们形成整体概念的目的，我们一直声称自己在实施、强化"看板方式""'动'字有人字旁的'自働化'"。因此，丰田生产方式比较令人费解也是很自然的事。

最近，我们经常听到公司外部人士讲，丰田生产方式以及作为运用手段的"看板"似乎隐藏着什么秘密。众多人士也直接或间接地向我们咨询我们公司的制造方法。其中，不仅有企业界的人，还有在大学讲授生产管理课程的教授以及从事管理咨询的人。

有如此多的人关心丰田生产方式当然是一件好事，也是一件可喜的事。

目前，丰田生产方式逐渐引起世人关注，日本国内各界也已经开始研究这种方式。在这个过程中，我感觉到丰田生产方式的一部分内容被误解了，有些部分被断章取义地滥用了。

其中最典型的例子,就是有人片面地将"丰田生产方式"与"看板方式"画等号。

实际上,"看板方式"只是丰田生产方式的运用手段之一,并不是说仅仅采用"看板方式"就能提高生产效率。那种通过"霸凌外包公司"来提高自家公司经营业绩的意图,和丰田生产方式的思维更是南辕北辙。

因此,为了帮助人们正确地理解、运用丰田生产方式,以及让尽可能多的人了解丰田生产方式,我编写了这本书。

出于让各位正确理解丰田生产方式的考虑,我特意从思维的角度重点展开论述,没有过多地列举实际案例。关于这一点,敬请各位理解。

另外,一些人曲解了丰田生产方式,还对它进行了批判。对此,我不做任何辩解、澄清。因为我坚信历史会证明一切。

# 第一章

# 立足于需求

TOYOTA

## 石油危机唤起觉醒

1973年秋季石油危机爆发之后，丰田生产方式开始成为世人关注的焦点。

无论如何，石油危机对政府、企业、个人生活都造成了重大影响。石油危机爆发的第二年，日本经济遭遇零增长，一时间整个产业界都有堕入恐怖深渊之感。

由于经济陷入萧条，各家公司开始苦苦挣扎。丰田汽车工业公司（以下简称"丰田汽车"）的利润虽然也有所下降，但是利润规模仍优于其他公司，因而开始引起世人的关注。人们纷纷议论，认为丰田汽车的制造方法具有强大的抗打击能力……

早在石油危机爆发之前，我虽然也经常向人们讲述什么是丰田式的制造技术、丰田生产方式，但当时并没有引起人们太大的兴趣。

石油危机爆发之后，从1975年到1977年，丰田汽车的利润逐年上升，逐渐拉开了与其他公司的差距。于是，丰田生产方式开始引起世人的注意。

在日本，经济高速增长时代结束于1973年。在那个时代，各个企业只要采用美国式的生产方式就足够了。然而，伴随高速增长的停止、增长率下降，美国式的有计划的大量生产方式开始不适用了。

日本的工业企业，从设备到厂房设计都复制了美国模式。在经济增长率高达两位数的时代，这种有计划的大量生产方式取得了非常好的效果。

然而，一旦经济高速增长停止，企业被迫减产，继续使用过去那种大量生产的方式显然就无利可图了。

在第二次世界大战结束后的1950年、1951年，我们做梦都想不到日本的汽车产量竟能达到这样高的水平。而远在此之前，美国车企为了降低成本，开发出了"大批量少品种生产方式"。这个方式已经深深地植根于美国的文化，但这种方式显然不符合日本的国情。

如何开发出基于"小批量多品种生产方式"的能够削减成本的方法就成了我们的课题。

1959年之后的15年间，日本经济的发展非常迅速。在此期间，很多日本企业即使采用与美国相同的方式，也在方方面面都出现了量产效应。但是，早在1950年、1951年我们就一再强调，一味模仿美国这种大批量生产方式是非常危险的。我内心有这样一种意识，那就是或许只有日本人才能开发出基于"小批量多品种生产方式"的低成本汽车制造方法。而且，我也一直坚信，日本人开发出来的生产方式能够超越"大批量少品种生产方式"。

　　丰田生产方式是以"小批量多品种生产方式"低成本地制造产品的方法。当然"大批量多品种生产方式"的效果会更好。石油危机以后，日本经济进入低增长时代，人们都开始摸索降低成本的方法，于是不约而同地开始关注丰田生产方式。

## "低速增长"很恐怖

　　石油危机爆发以后，社会上开始流行"稳定增长"或者"低速增长"的说法。对于这样的说法，我一直保持冷静的态度。

　　在过去的经济高速增长时期，经济大致呈现繁荣两三年、萧条最多半年的周期性变化，有时持续繁荣的时间甚至会超过三年。

但是，"低速增长"周期的情形则与上述周期完全相反，它甚至还意味着更加严酷的时代的到来。也就是说，在"低速增长"周期，经济增长率达到 6%~10% 的繁荣时间只有半年至一年，剩下的两三年连续呈现几个百分点的微幅增长。我们必须做好这样的思想准备：在经济周期中，有一年或两年陷入零增长、负增长的时代即将来临。

包括汽车产业在内，日本所有产业都沉醉于那个只要生产出产品就能销售出去的时代。因此，众多的经营者都沉浸在数量计算之中。

汽车产业的人士常常会运用"马克西-西尔伯斯通曲线"（Maxey-Silberston Curve）降低成本。当然，降低的成本也是有限度的。伴随汽车产量的增加，成本必然会成比例地显著下降。这种有关大批量生产的原理，在经济高速增长时期，效果已经得到充分证实，而且，在汽车产业人士的脑海中早已根深蒂固。

如今，我们已经进入经济低速增长时期，必须尽快打消这种多多益善的念头。

那种通过增大批量来追求更好的量产效应的生产方式

已经落伍。以冲压加工为例，使用同一个模具在单位时间内尽量多地连续冲压的方法已经无法应对如今的时代。现在，我们除了需要明白这样的生产方式已经行不通，还必须知道这样的生产方式产生的各种浪费。

## "赶上美国"

我并不认为效仿美国都不对。过去，我们从作为汽车王国的美国那里学到了许多东西。QC（质量管理）、TQC（全面质量管理）等卓越的生产管理技术、经营管理技术都是美国人开发出来的。日本在引进这些技术之后也取得了成果。IE（工业工程）亦是如此。

不过，我认为日本人必须清醒地认识到，这些技术作为美国人努力的结晶，都是基于美国的国情开发出来的。

1945年8月15日是日本的战败日，也是日本踏上新旅程的出发之日。当时担任丰田汽车社长的丰田喜一郎（1894—1952）先生曾说："要用三年时间赶上美国！否则，日本的汽车产业将无法立足。"为了实现这个目标，我们必须了解美国，学习美国。

1937年，我供职于丰田纺织公司（以下简称"丰田纺织"）。当时，有人对我说，日本工业和美国工业的生产效率比值是 1∶9。

此人曾去过德国，他说过德国的生产效率是日本的 3 倍。彼时，德国和美国的比值是 1∶3，所以日本和美国的比值就是 1∶9。他说在美国 1 个人的工作，在日本需要 9 个人才能完成。当时我听了他的话极为震惊。

1945 年，美国驻军登陆日本不久，麦克阿瑟将军曾说日本的生产效率是美国的 1/8。

也就是说，在战争期间日美之间的比值从 1∶9 变成了 1∶8。无论如何，丰田喜一郎社长已经说过，要用三年时间赶上美国。然而，用三年时间把生产效率提高 8 倍甚至 9 倍谈何容易。这就相当于让 10 个人去完成原来 100 个人做的工作呀！

况且 1∶8 或者 1∶9 只是一个平均值，拿日本的汽车产业和美国最发达的汽车产业相比，比值绝非 1∶8。从体力的角度看，美国人不可能是日本人的 10 倍。所以我认为，日本人肯定在什么地方产生了巨大的浪费。我认为只有消除浪费，生产效率才有可能提高到原来的 10 倍。这种想法也正是丰田生产方式的出发点。

## 丰田生产方式的两大支柱

丰田生产方式的基本思想在于"彻底消除浪费",有两大支柱贯穿其中:

- 准时化;
- 自働化。

首先我解释一下什么是"准时化"。比如我们通过流水作业装配一辆汽车的时候,所需要的零部件会在需要的时间,以需要的数量被送到生产线旁边。如果公司上下都能做到这一点,起码在丰田内部,就能接近彻底解决从空间上、财务上困扰公司经营的"库存"问题。

从生产管理的角度来看,这也是一种理想状态。然而,汽车是由几千个零部件组成的,生产工序极多。要使所有工序的生产计划都能保持不打折扣的"准时化"极为困难。

生产现场的计划仿佛是为了改变才制订的。造成生产计划变动的因素很多,其中有预测上的错误、业务管理上的失误、出次品、返工、设备故障和出勤状况的变化等,举不胜举。

因此,一旦前面的工序发生问题,后面的工序就必定会出现停工的现象。此时,人们只能无奈地让生产线停下来或者变更计划。

如果无视这样的现状，而让各个工序去执行生产计划，就会出现前一道工序所生产的零部件与后一道工序相脱节的问题。或者生产线上的某些零部件出现了短缺，而不需要或者不急需的零部件却不断地被生产出来，堆积如山。如此一来，生产效率就会降低，最后导致企业整体效率的下降。

更为糟糕的是，在生产现场，人们无法区分哪些生产线处于正常状态而哪些处于异常状态。如此就会出现异常状态处理迟缓、由于作业人员多而导致零部件产出过剩等问题，然而面对这些问题，人们却感到无从下手。

因此，如果想实现将需要的零部件在需要的时间、按需要的数量提供给每一道工序的"准时化"，采用将生产计划下达每一道工序，由前一道工序把零部件送到后一道工序的传统管理方法是绝对不行的。

## 打破常规

怎样才能做到在需要的时间将需要的零部件按照需要的数量提供给需要的工序呢？也就是说怎样才能做到准时

化呢？针对这个问题，我一直在思考。我这个人比较喜欢逆向思考。其实，生产流程也就是物品移动的过程。于是，我尝试逆向思考物品的运输过程。

传统的做法是"前一道工序向后一道工序供应零部件"。具体到汽车生产线上，那就是材料经过加工变为零件，零件再被组装成部件，最后被送到汽车的组装线。也就是说，从前一道工序向后一道工序不断推进的过程，就是汽车逐步成型的过程。

我尝试倒过来思考生产流程。如果"让后一道工序在需要的时候去前一道工序领取需要的零部件"，这一方法是否可行？这样做的话，"前一道工序只生产后一道工序所需数量的零部件就足够了"。如此，只要事先明确"所需的零部件及其数量"，就可以把众多工序连接起来。

于是，我的头脑中出现了这样一个构想，在各道工序之间利用轮流传递的"看板"来控制产量，即需要的数量。

我们进行了各种尝试，最后研究出了这样的方法。以生产工序的最后一道"总装配线"为起点，向装配线提出生产计划；将装配线上所需零部件的运送方式，从过去的由前一道工序向后一道工序运送，改为后一道工序在需要的时候，去前一道工序领取所需数量的零部件。

按照这样的方式，我们一旦把生产计划下达给最后的总装配线，指示在什么时间、生产什么车型、生产多少辆，从总装配线开始，各道工序便依次向前一道工序领取所需的各种零部件。如果将这种与传统做法相反的、由后一个工序去前一个工序领取零部件的运送管理方式，一步一步逆着生产工序向上推进，一直追溯到原材料供应部门，就会产生连锁式的同步效应，这样就可以满足实现准时化的条件。如此一来，我们就可以极大地压缩管理的工作量。在这一过程中，用于领取零部件或传达生产指令的就是我前文所讲的"看板"。

关于"看板"，我在后文会进行详细论述。在这里，

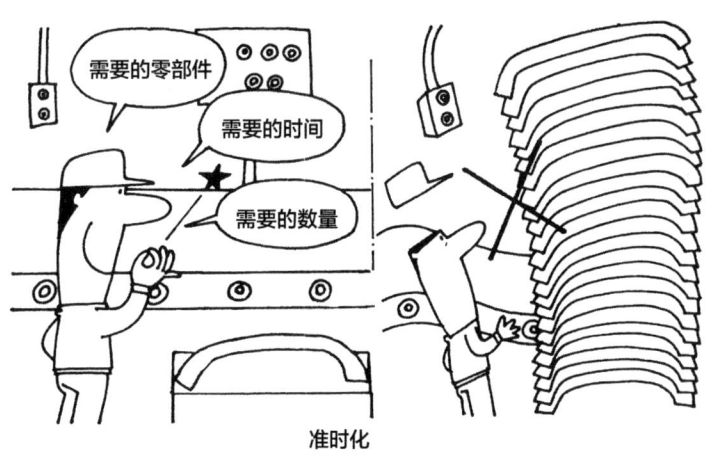

准时化

我只是想让各位读者对丰田生产方式的基本状况有一个简单的认识。丰田生产方式基本思想的支柱是前文讲过的准时化和后面要讲的自働化，看板方式则是用来确保丰田生产方式实施的手段。

## 让机器拥有人的智慧

丰田生产方式的另一个支柱是自働化，这不是自动化，而是"'动'字有人字旁的自働化"。

如今，一按按钮就自动运转的机器越来越多。而且，近些年，机器性能也有了相当大的提升，甚至已经实现高速运转。因此，机器在运转过程中，哪怕仅仅发生微小的异常，比如不同规格的材料混装进了机器、碎屑卡住设备，都有可能造成设备和模具受损；如果发生丝锥折断，就会产出没有螺纹的不合格品，几十只、几百只次品滔滔而来，转眼间就会堆积如山。

这样的自动化机器，既不具有防止产出大量次品的功能，也不具有自动监视机器故障的功能。

因此，丰田汽车需要的不是单纯的机器自动化，而是强调"动字有人字旁的自働化"。

这种自働化的精神源于丰田集团的创始人丰田佐吉（1867—1930年）先生发明的自働纺织机。

丰田佐吉老先生的自働纺织机，遇到经纱断了一根或者纬纱用完的情况时，会立即停止运转。那是因为纺织机上装有"判断状态的装置"，这样就可以避免次品的出现。

在丰田集团，自働纺织机就是带自动停止装置的机器。在丰田集团下属的任何一个工厂，无论是新机器还是旧机器，几乎都装有自动停止装置。机器上会装有"固定位置停止系统""全面运转系统""防错装置"等多种多样的安全装置。总而言之，人们让机器拥有了人的智慧。

这种自働机器的推广也大大改变了管理的含义。因为当机器正常运转时是不需要人的，只是在机器发生异常、停止运转时才需要人去处理。因此，一个人同时管理多台机器就成为可能。伴随所需人员的不断减少，生产效率飞速上升。

换个角度看，这就是说，倘若继续采用由人盯着机器，一旦机器发生异常人就代替机器继续作业的方式，异常情况就永远也不会消除。在日本，有这样一句谚语，"给发臭的东西盖上盖子"（日语为"臭いものにはフタをする"，具有掩盖事实的意思）。也就是虽然明知材料、机器本身存在问题，人们却在修理时刻意避开管理监督人员的耳目。人们如果坚持这样的做法，永远也不可能做出改进，不可能实现成本下降。发生异常情况时将机器停下来，也有助于查清问题。一旦明确了问题所在，就可以着手改进。

于是，我又产生了一个想法，那就是在手工作业的生产线上，如果发生异常，作业人员要主动按下停止按钮，让生产线立即停止工作。

汽车是一种注重安全性的产品。因此，任何一个工厂的任何一条生产线上的任何一台机器，其运转是否正常必须做到一目了然，必须有防止异常再次发生的措施。因此，我把"自働化"视为支撑丰田生产方式的另一大支柱。

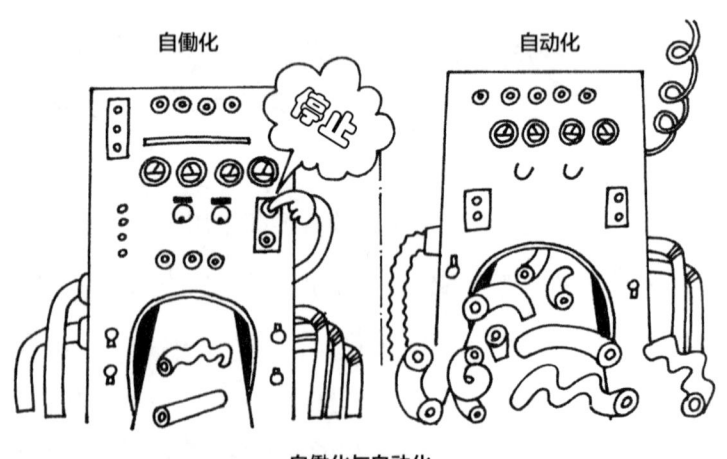

自働化与自动化

## 个人技能与团队协作的相辅相成

至于如何推进"自働化",这全凭各生产现场的管理、监督人员发挥各自的聪明才智。其关键在于,让机器拥有人的智慧的同时,想方设法将作业人员的简单"动作"变成具有主观能动性的"工作"。

那么,丰田生产方式的两大支柱"准时化"和"自働化"之间存在什么样的关系呢?

我想,这可以用打棒球来比喻。对棒球队而言,准时化是使队员发挥相互配合的协作精神,自働化就是提高每个队员的技术水平。

球场上的每个队员就相当于生产线上的各道工序,他们只有不失时机地抓住飞过来的球,通过相互配合,才能上垒。这样,球队整体就能有条不紊地展开精彩的相互配合。

生产现场的管理、监督人员,就如同棒球队的教练,以及负责指导击球、防守、跑垒的助理教练。一支强大的棒球队必须掌握能够应付所有局面的协作技巧,即"全局打法"。一个掌握了准时化技能的生产团队,就如同一个配合默契的棒球队。

在生产现场，自働化能够发挥杜绝造成重大浪费的产出过剩，防止生产不合格品的作用。为此，助理教练平时就要注意把握"标准作业"的情况，即各个运动员所具有的能力，在他们发挥失常时，就要通过特别训练使其恢复应有的状态。

这样，通过自働化就能彻底实行"目视化管理"，发现"生产现场"即各个队员的弱点。此时，指导教练就能够立即拿出提高队员水平的办法。

无论是世界棒球锦标赛，还是日本棒球锦标赛，获胜球队几乎都有一个共性，那就是团队配合与个人技术都无懈可击。二者相辅相成，就形成了一个球队的核心竞争力。

同样，能够同时实现准时化与自働化的生产现场就会拥有无与伦比的强大优势。

## 目标在于降低成本

人们常常会使用"效率"这个词，比如生产效率、管理效率、经营效率等。要问现代企业为什么要追求效率，那就是为了实现降低成本。降低成本这一问题会从根本上决定企业目的能否实现。

不只是丰田公司，所有制造企业的利润都是通过降低成本获得的。通过将成本与利润相加来确定产品价格的"成本主义"思维，是将成本通过价格最终转嫁给消费者的做法，对于现代汽车企业而言是行不通的。

我们的产品在自由竞争的市场上，不得不接受消费者挑剔目光的审视。

消费者才不会关心产品的成本是多少，只关心这种产品对自己而言是否有购买价值。如果我们因为成本过高而为产品制定了高昂的价格，消费者是不会买账的。

对于社会性很强的制造企业而言，要想在自由竞争的环境中生存下去，降低成本是重中之重。

在经济高速增长时期，任何人都可以通过增加产量来降低成本。然而，置身于经济低速增长时期，不管使用什么样的降低成本的方法都举步维艰。或者可以说降低成本已无妙计可言。

置身于当今的时代，各个企业都需要构建具有正统性、综合性的经营体系，这样的体系能够充分发挥员工的能力，激发员工的工作积极性，促使其熟练地运用机器、设备，并彻底消除浪费。

"彻底消除浪费"是丰田生产方式的基本思想。在前文，我已经针对这种基本思想的两大支柱（即准时化和自働化）进行了论述。丰田生产方式植根于日本特有的土壤。尽管如此，我认为，在全世界面临经济低速增长的今天，对任何行业来说，这都不失为一种有效的经营体系。

## 日本企业的错觉

二战结束不久，堪称日本国产汽车之父的丰田喜一郎先生提出了"要用三年时间赶上美国"的豪言壮语。这成为丰田公司具体的企业目标。

一旦目标明确了，人们就会积极地行动起来，企业也是如此。

在战争时期的1943年，我从丰田纺织调到丰田汽车工作，从事纺织工作积累的经验，对我有很大帮助。我在前文提到的自働化构想，就是从丰田佐吉老先生发明的自働纺织机中得到的灵感。刚去到汽车生产现场的时候，我在制造汽车方面可以说是个外行。后来，通过与纺织厂的比较，我逐渐发现了汽车生产现场的优点与不足。

1949年和1950年是战后日本的复兴时期。当时，汽车产业依旧前途渺茫。1949年日本国产汽车的产量只有卡车25622辆、乘用车1008辆。此外，日本还接收了驻日美军转让的军用卡车44116辆。总之，日本国产汽车少得可怜。

尽管如此，丰田汽车仍跃跃欲试，想要大干一场。这或许是丰田喜一郎社长提出的赶上美国的口号起到了提振士气的作用。

1947年，我在位于现在丰田市的总公司工厂（当时叫作举母工厂）的第二机械车间担任主任。当时，我曾思考，要想赶上美国，就必须让一个工人不是只管理一台机器，而是同时管理多台机器、多种工序。怎样才能做到这一点呢？我考虑的结果是，在机械车间内首先建立起流水作业生产线。

在机械工厂里，车工负责操控车床。美国的机械工厂是这样的，日本的大多数工厂也是这样。在众多工厂里，人们会将50台、100台车床集中安装在一起。比如，车工这道工序完了，人们就会将工件归拢起来送到钻孔车间去。钻孔这道工序做完了，人们再将它们送到铣削加工车间去。现在还有人认为这就是机械工厂当然的流水作业流程。

在美国，不同工种有不同的工会组织，一家企业里会有多个工会组织。因此，车工只管开车床，如果要钻孔就必须送到钻孔的地方去。大家都是只有一种技能的工人，在车工工序中，偶尔需要焊接作业，但是车工不能做这种活，一定要送到焊接工序去做。因此，在美国的企业中，机器数量很多，人员也很多。在这种情况下，美国企业显然只有通过大量生产才能降低成本。

通过大批量生产的方法，降低机器的平均人工成本，同时也能减轻折旧负担。但是，这种大批量生产需要用能够高效、高速运转的机器来支撑。

这样的生产体系就是有计划的大量生产体系。这也意味着需要采取所有工序都进行大量生产，然后将工件汇总起来送到下一道工序继续生产的方法。当然，这种追求数量和速度的生产过程会不可避免地产生大量的浪费。直到1973年秋季的石油危机爆发之前，日本企业在无意识中都产生了一种错觉，那就是这种美国式的生产方式也适合日本的国情。

## 构建生产流程

要打破在机械工厂中车工只管车床、焊工只管焊接这种作业人员只固定进行一种作业的保守模式，并不是一件轻而易举的事。我认为，这在美国可能办不到，但是在日本只要想干就能办得到。

事实上，丰田生产方式的构建就是从我个人向这种旧体制发出挑战开始的。

1950年6月朝鲜战争爆发，日本产业界因得到大量特殊军需用品订单而恢复了活力，汽车产业也因此而取得了发展。

这一年对于丰田汽车来说是多事之年。4月到6月，公司因裁减员工引发了劳资纠纷，丰田喜一郎社长被迫引咎辞职。不久后，朝鲜战争就爆发了。

丰田汽车尽管获得了军需订单，但这个订单还远远没有达到大量生产的程度。总之，产品种类很多。"多品种小批量"的生产状况依旧没有改变。

当时，作为举母工厂机械车间的主任，我着手进行了这样的小规模尝试，试图改变机器设备的布置方式。我改变了过去的那种把许多工件集中起来加工然后送往下一道工序的做法，采用了按照加工工序布置不同的机器设备，有秩序地一件一件加工工件的方法。也就是说，我把机器设备改造成了生产流水线。

1947年，我们将机器排成"二"字形或英文字母"L"

字形，尝试让 1 名工人同时管理 2 台机器。1949 年到 1950 年，我们又将机器改为排成"コ"字形、"口"字形，挑战让 1 名工人同时管理工序连续的 3 台甚至 4 台机器。

当然，我们的这些尝试在生产现场遭到强烈的抵制。这种抵制并不是源于工作量、作业时间的增加，而是因为当时的熟练工都有一种手艺人的倔强脾气。他们从过去 1 名工人管理 1 台机器变为同时管理工序连续的多台机器，而且还需要做操纵车床、铣床、钻床等跨工种的工作，抵制情绪可想而知。而且，在实际操作的时候，问题也是不断出现。比如，我们就遭遇了机器加工完毕后不会自动停机、由于调整因素过多人们一时无法熟练应对等问题。伴随各种问题的明朗化，我也看清了自己下一步的前进方向。

我当年虽然年轻气盛，但还是意识到急于求成绝非上策，必须有条不紊地向前推进。

### 为"前松后紧"吃尽苦头！

激烈的劳资争议结束后，我们迎来了特殊军需订货所带来的繁荣时期。当时的生产现场紧张感十足，逐渐展现出了活力。

对企业来说，最令人感到愉悦的莫过于收到来自客户的订单。彼时，生产现场的员工们为确保特需卡车订单的顺利完成，可以说是拼尽了全力。

但是，当时我们处于一个缺乏原材料、零部件的时代，我们无法在需要的时候获得足量的供应。当然，这也和为我们提供零部件的协作企业的设备和人力不足有关系。那么结果如何呢？

丰田汽车是一家汽车底盘制造厂商，装配汽车需要众多的零部件。如果这些零部件不能在需要的时候如数到达，我们就不能开始装配作业。因此，在上半月，我们通常无法开展装配工作。到了下半月，我们会零零散散地收到各种零部件，然后只得在月底集中完成装配工作。上半月轻闲得无所事事，下半月突击赶工，这种"前松后紧"的生产方式实在令人痛苦不堪。

如果每个月需要1000件零部件，那么每月开工25天，平均每天生产40件就够了。我们希望零部件企业今天生产40件，明天也生产40件，每天能够稳定地生产40件。如果一天工作480分钟，那么每12分钟生产1件就可以。我的这种想法后来发展为"均衡化生产"理论。

建立生产流水线，构建用于加工零部件的原材料的稳定外部供应体系，这在今天看来都是一种富有想象力的设想。这就是丰田生产方式，不！应当说这就是日本式的生产方式。

当时，我们正处于物资匮乏时期，所以必须设法通过增加人员和机器的方式多生产一些产品并将其储存起来。

当时，我们一个月充其量生产一两千辆汽车，所有工序储备一个月的库存量，负担也许并不大。但是，这样就必须拥有大型仓库。我所担心的是，如果产量进一步增加我们又该如何应对。

首先，我考虑从丰田汽车内部将"月底突击的生产方式"改变为均衡、均匀的生产方式。其次，针对外部合作方，我们采取主动的态度，在听取对方的要求之后，请他们协助我们推进均衡化生产。我们还协商了彼此之间在人、财、物等各个方面开展具体配合的问题。这一切的努力都是为了摆脱"前松后紧的生产方式"，即"月底突击的生产方式"。

## 需求第一

前文我已经阐述了有关丰田生产方式的基本思想及其

基本结构。在此，我必须强调一点，那就是这些都建立在拥有明确的目的和需求的基础之上。

如今，我们针对丰田汽车的现场进行改进时，依然是立足于需求。如果对没有需求的地方进行改进，不是改进的设想成为泡影，就是改进的效果达不到预期的投资目标。"需求是发明之母。"可以说，让现场的人员发现需求，无疑是大力推动整个企业改进工作的关键所在。

我自己一点一点地构建起上述的丰田生产方式，也是从要想实现"三年赶上美国"的目标就必须发现能够消除浪费的新型生产方法这一强烈的需求出发的。在这种需求的驱动下，我提出了"后一道工序去前一道工序领取零部件"的构思。而过去的做法是，前一道工序不管后一道工序的生产情况如何，源源不断地把加工完毕的大量零部件输送过去，这往往会导致零部件在下一道工序堆积如山。后一道工序的作业人员会忙于寻找用于放置零部件的场地，从零部件堆中寻找所需的零部件，从而造成正常生产活动的迟滞。因此，我们如果想消除这样的浪费，就必须对前一道工序的生产活动实施控制。正是这种强烈的变革需求，催生了和以前完全相反的工序流程。

于是，我在机械加工车间做了改革，改变机器的排列，建立了流水线，不仅消除了产品积压所造成的浪费，还实现了一个工人管理多台机器。确切地说，就是实现了"单人负责多工序"。这种变革使生产效率提高了一两倍，意义重大。

我在前文讲过，这种一人跨工种地管理几台机器的方式，在美国是很难实施的。但是，在日本为什么可行呢？其中一个原因就是，日本没有欧美那样按工种建立的工会组织，因此，在从单一工种到多工种的过渡中，虽然我们也遭遇过阻力，但是整体来说还算顺利。

这一事实并不说明日本以企业为单位成立的工会组织比欧美按工种成立的工会组织力量弱。这是由众多的历史、文化差异造成的。

人们普遍认为，日本以企业为单位的工会是一种发生纵向社会联系的团体，流动性较小，而欧美按不同工种成立的工会是一种发生横向社会联系的团体，流动性较大。那么，实际情况如何呢？

按照美国的制度，车工永远是车工，焊工永远是焊工。按照日本的制度，在生产现场，工人既能操纵车床，也能操纵铣床，还能操纵钻床，甚至拥有焊接技能。总之，日本的工人能够掌握多种技术。相比之下，哪一种制度更为优越呢？

这是一个难以判定孰优孰劣的问题。两种不同的制度主要是在两国不同的历史和文化基础上形成的。它们各有千秋，只要充分发挥自己的优点就好。在日本的制度下，每个工人都能够凭借自己多方面的生产技能，融入生产现场整体系统（我称之为"制造技术"）的构建工作，并发挥重要作用。正因为如此，人们才具有饱满的工作热情。

需求是等不来的，我们必须时时刻刻主动去寻找，有时甚至把自己逼到走投无路的境地，才能发现什么是真实的需求。

那么，在经济低速增长时期，企业最大的需求是什么呢？我再强调一遍，那就是在不要求增加产量的条件下，如何提高生产效率。

## 必须革新观念

在企业中，浪费的情况不胜枚举。其中，最可怕的浪费非产出过剩莫属。是什么造成了这种浪费呢？让我们一起探求一下其根本原因吧。

我们一直都有这样的观念，如果不保持相当数量的库存，就会寝食难安。在从二战前、二战期间到二战刚刚结束后的物质匮乏年代，囤积物资是人们极其自然的行为。石油危机发生后，尽管已经身处物质丰富的年代，人们还是四处寻找，抢购卫生纸、洗涤剂，而这种群体行为正是出于囤积心理。

难道这是日本人作为农耕民族后人的宿命吗？很久以来，我们的先辈种植稻米，以此作为主食，并将其储存起来，以防止自然灾害的发生。石油危机时的经验告诉我们，即使在物资富裕的今天，日本人的这种本性并没有从根本上发生改变。

现代企业或许也会被同样的思维支配。企业里不储备些原料、半成品和成品，企业领导者就会感到惶恐不安，总觉得这样会使企业在这个竞争激烈的社会中难以生存。

我认为，现代工业必须摆脱这种思想，绝不能困守于农耕民族的思维，必须让自己变身为游猎民族，拥有在需要的时候获取需要数量的必需品的勇气。这不单纯是什么勇气的问题，我希望这能成为现代工业社会的常识。

因此，产业界人士必须革新观念。不维持相当水平的库存就感到不安的思维,已经成为造成在石油危机以后的低增长时期滋生产出过剩、不良库存这一最大的经营损失的罪魁祸首。我认为只有对这种现状有深刻的认识,才能真正做到革新观念。

# 第二章

# 丰田生产方式详述

TOYOTA

## 能够反复追问五个"为什么"吗？

当遇到问题时，你是否尝试过反复追问五个"为什么"呢？这是一件说起来容易做起来难的事。

假设有一台机器停止工作了，你就要问：

（1）"机器为什么会停止工作呢？"

"因为过载，保险丝断了。"

（2）"为什么会发生过载呢？"

"因为轴承的润滑不充分。"

（3）"为什么润滑会不充分呢？"

"这是因为润滑泵不能将足量的润滑油吸上来。"

（4）"为什么无法将足量的润滑油吸上来呢？"

"润滑泵轴磨损了，出现了间隙。"

（5）"为什么会发生磨损呢？"

"因为没有安装过滤器，混入了铁屑。"

我们如果像这样反复问五个"为什么"，就能够发现加装过滤器的解决方法。

相反地，如果我们没有充分地发问"为什么"，那就会止步于更换保险丝、润滑泵轴。如此，几个月以后，同样的故障会再度发生。

可以这样说，丰田人正是凭借对五个"为什么"的反复追问，基于科学发现问题、解决问题的态度与实践，缔造了丰田生产方式。

我们通过五个"为什么"自问自答，就可以弄清事物之间的因果关系，发现隐藏在表象背后的真正原因。

"为什么在丰田汽车，一个工人只能管理一台机器（而在丰田纺织，一个年轻女工却能管理四五十台自动织机呢）？"

针对这个问题，如果我们得到的回答是"机器没有一旦完成加工就自动停机的功能"，那么我们就可以引入自働化的思维。

针对"为什么不能做到准时化生产呢？"这一问题，如果我们得到的回答是"前一个工序比较快，产出过多，人们并不知道生产一个产品所需的时间"，那么我们就可以引入均衡化的思维。

针对"为什么会造成产出过剩的浪费呢?"这一问题,如果我们得到的回答是"因为没有控制产出过剩的机制",我们或许就会联想到引入"目视化管理"甚至"看板管理"的思维。

丰田生产方式立足于彻底消除浪费,这一点我已在上一章阐述过。

到底为什么会产生浪费?在回答这个问题时,我们就可以针对决定企业存亡的利润展开思考,甚至还会对人们劳动价值的本质进行自问自答。

关于生产现场,我当然重视"数据"的重要性,不过我认为最为重要的是"事实"。在发生问题时,如果针对原因的调查不够充分,应对策略就会无的放矢。所以,我们必须反复追问五个"为什么"。这构成了丰田式科学态度的基础。

## 对浪费进行彻底分析

我认为要想彻底消除浪费,树立以下两条基本观念是关键所在。

第一，提高效率必须立足于与削减成本相结合。此时，我们必须沿着如何让最少的人员生产所需数量产品的思路展开思考。

第二，着眼于每一个工人、工人所工作的生产线、以生产线为中心的整个工厂，树立工厂整体的效率提升立足于每个环节效率提升的思维、观点。

接下来，我会针对这两点进行具体论述。在经历了1950年由丰田生产第一线人员削减所引发的劳资纠纷、之后的朝鲜战争爆发所带来的特需景气之后，我们开始思考如何在不增加人手的条件下实现增产这个重大课题。作为生产现场的一个负责人，我是这样将自己的想法转化为行动的。

假设在一条生产线上，10个工人一天可以生产100件产品。那么，基于这样的现状，我们就可以计算出，这条生产线的生产能力是平均1天100件，人均生产率是1天10件。

然而，如果仔细观察生产线、工人们的动作，就会发现产出过剩、窝工等问题，而且相同的时长、不同的日子之间产量也会参差不齐。

假设作为改善措施，我们成功地削减了两个工人，即

8个工人就能够达到一天生产100件产品的水平。那么如果不削减那两个工人，看似10个工人一天就可以生产125件，可实现25件的能力提升。

然而，实际上，以前10个工人原本就具有一天生产125件的能力，只是出于多余的操作、产出过剩的原因，那25件被浪费掉了。

综上所述，如果我们能够树立无论从每个工人来看，还是从整个生产线来看，真正需要做的事才是工作，其余都是浪费的观念，那么就有了下面的关系式：

$$现有能力 = 工作 + 浪费$$

$$（作业 = 劳动 + 浪费）$$

消除浪费，将工作的比例提高到接近百分之百的水平才是真正的提高效率。不过，遵循丰田生产方式，我们只能生产所需数量的产品。因此，我们需要结合这个所需数量，削减不必要的人员、过剩的能力。

为了适应丰田生产方式，彻底查明所有浪费的环节是先决条件，主要如下：

（1）产出过剩所造成的浪费；

（2）窝工所造成的浪费；

（3）运输过程中的浪费；

（4）加工过程中的浪费；

（5）库存阶段的浪费；

（6）动作上的浪费；

（7）生产次品所造成的浪费。

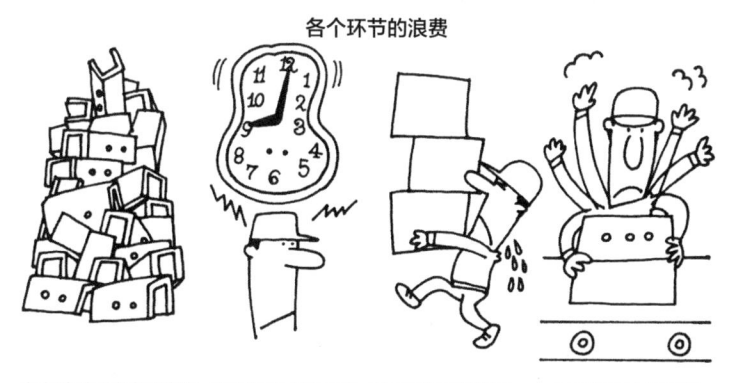

**各个环节的浪费**

产出过剩所造成的浪费　窝工所造成的浪费　运输过程中的浪费　加工过程中的浪费

我们可以通过彻底消除这些环节的浪费，实现生产效率的大幅提升。此时，我们要践行只生产所需数量产品的原则，多余人员自然就会出现。因此，丰田生产方式也是一套能够发现多余人员的系统。我听说有些工会组织因此而质疑丰田生产方式是否会被用作解雇员工的手段。在此我必须说，我们的出发点完全不是这样的。精准地发现多余人员，将其有效加以使用才是经营者的任务。经济形势好转时，出于增产的目的雇用新员工；经济形势恶化时，就让员工下岗、劝导员工主动离职；作为经营者，这样的做法是绝对不可取的。此外，消除每个工人的无效劳动，也有助于提高他们的工作积极性。

## 我的现场主义

我是一个彻底的现场主义者。从年轻的时候开始，我就在生产现场摸爬滚打，成为经营者之后，我也无法离开作为生产厂家主要信息来源的生产现场。或许可以说，如今作为最高管理层的一员，我越发离不开生产现场了。

相比窝在副社长室里一个人沉思默想，我更喜欢坐在位于大车间的生产现场的一个角落。这样，我不仅更容易掌握第一手的经营信息，还能更好地感受现场的刺激。我也通过随时随地参与生产现场的工作获得了满足感。想必现场主义符合我的性格。这也是我多年以来养成的习惯。

下面我给各位讲述一段发生在1937—1938年的往事。当时我还在丰田纺织工作，我接到上司的指示编写"纺织标准作业表"，为此历经了千辛万苦。彼时，我先从丸善书店购买了有关标准作业的书，然后参考这些书拟定了草案。之后，我意识到有生命力的标准作业表是无法在办公室里完成的，就多次前往生产第一线，反复对草案进行修改，终于用自己的双手编写出了令人满意的标准作业表。当时，我深切地感受到制定的标准作业表，必须做到"一目了然"。

在第二次世界大战期间，我被调到丰田汽车。来到新岗位之后，我做的第一件事自然就是号召大家制作标准作业表。事实上，当时制作标准作业表的紧迫性非常强。伴随操控机械的熟练工陆续从生产第一线被征召派往前线，不懂机械的男性员工、女性员工开始成为生产第一线的主力。彼时，编制标准作业表的必要性可想而知。那时的经历成了我从制定堪称生产第一线基础的标准作业表，到构建丰田生产方式35年漫长历程的原点，也是我现场主义思维的起点。

丰田汽车的各个工厂自不必说，采用丰田生产方式的合作公司的生产现场也贯彻了目视化管理的原则——在工厂内柱子的明显位置都张贴着标准作业表。任何人一抬头都能看到被称为"安东"（andon）的生产线停止显示板。如此，在故障发生时，所有人都能对故障状况一目了然。

被运到生产线旁边的零件箱上都贴有象征丰田生产方

式的"看板"。为了实现将需要的零部件在需要的时间送到需要的工人手中,"看板"会与零部件保持同步,实时显示零部件的动向,同时还发挥作业指令的信息功能。

如果想像丰田一样将目视化管理作为管理方法,各位首先要熟悉一下标准作业表。

## 亲自动手制作标准作业表!

在生产现场的人必须尝试亲手制作标准作业表。那是因为要想让别人理解作业标准,自己首先必须完全理解其内容。

标准作业表堪称丰田生产方式的重要基石之一。那么我们需要在标准作业表中写些什么呢,需要在其中体现怎样的现场主义理念呢?

我们一直努力通过改善设备配备、机械配置、加工方法,筹划自働化,改良金属锻造加工工具,探讨运输方法,合理调整在制品储备等方式来杜绝浪费。此外,我们还采用名为"PokaYoke"的防错装置(它能够自动防止次品产生、操作失误、人员受伤以及其他众多问题)防止次品再次产生,以增加生产现场工人的智慧,从而维持高效的生产状态。而在背后默默奉献的"无名英雄"正是标准作业表。

制定标准作业表的关键在于通过对实现高效生产的各项条件进行思考，将材料、机械与人的劳动最有效地结合在一起。在丰田汽车，这种结合的过程被称为"作业组合"，这种结合的集大成即"标准作业表"。

标准作业表的基本内容，和我早在40年前供职丰田纺织的时候所制作的并没有什么不同。如今，丰田汽车的标准作业表贯彻了公司的原则，在丰田生产方式方面，发挥着目视化管理的重要作用。

当然，在丰田汽车的标准作业表中，我们针对下列要素做出了明确规定，这就是标准作业三要素：

- 周期时间；
- 作业顺序；
- 标准存量。

"周期时间"也叫"单位时间"，指生产一个零件、一台汽车所需的精确到分秒的时间。这由生产数量即需求量和机器的工作时间所决定。

日均需求量可以通过月需求量除以工作时间求得。

"周期时间"可以通过工作时间除以日均需求量求得。

像这样，即使周期时间已经确定，不同的工人之间也会存在差异。

人们常说"时间是操作的影子"。大多数的"迟缓"都是由错误操作、错误程序造成的。如何在现场领导员工，这非常考验现场监督人员（组长、班长）的个人能力。如果有不熟练的新人到来，我会向这些监督人员发出"在两三天内把他变成熟练工"的指示。这一指示的目的在于，这些监督人员通过指导，让新员工除了要记住操作步骤、要领、秘诀，还要学会利用明显的标志来早日杜绝返工、拿错零部件等无效劳动。

为了实现这个目标，监督人员需要手把手地指导新员工，这个过程也可以加深新员工与监督人员彼此的信任。另一方面，我们也要努力构建不同工序工人之间的"互助"关系。因为干活的是人，人与人之间的差异、健康状况都会造成作业时间的参差不齐。这种差异需要由先期来到那个工序的熟练工来补齐。这就如同在田径接力赛中运动员们对交接棒区域的利用。工人们可以通过这样的做法一边从事周期时间内的标准作业，一边构建"和睦的人际关系"。

顾名思义，"作业顺序"就是作业人员在加工物品的过程中，从搬运物品、将物品置于机器之上到完成加工后再取下的持续作业的顺序。需要注意的是，这不是处理产品的流程。

"标准存量"指为了保证作业的持续进行而需要在该工序内确保的最低限度的在制品数量，机器上正在加工的在制品也包括在内。

一般而言，在机器配置相同的情况下，如果作业顺序与加工工艺顺序方向相同，标准在制品存量就是机器正在加工的在制品的数量，无须在各工序之间存放在制品；如果作业顺序与加工工艺流程顺序方向相反，则需要在各工序之间至少存放一件在制品（如果一次性加工的在制品是两件，则需要存放两件）。

在采用丰田生产方式的时候，为了确保零部件"准时化"（just in time）送达，就必须更为严格地设定标准存量。

## 团队协作至关重要

在前文论述周期时间问题时，我们提到过构建"和睦的人际关系"问题。在这里，我想谈谈自己在这方面的感受。

其实，工作和体育运动之间有非常多的共性。在日本传统的体育运动中，无论相扑、剑道还是柔道，多数都属于个人项目。在日本，人们认为这些项目都具有"求道穷理"之意，并不是比赛项目。这和手艺行业重视手艺人个人技能的道理是一样的。

日本在接受西方文明的同时，也引入了西方的团体运动项目。人们的工作环境也逐步实现工业化。在工业化时代，"和睦的人际关系"即"团队协作"的重要性已经超越了手艺人的个人技能。

比如，在8人制的赛艇、9人制的棒球、6人制的排球、11人制的足球等项目中，决定比赛胜负的是合作。有趣的是，假如队员之间合作不好，即使队内有一两名明星选手，他们也未必能够带领全队取胜。

实际上，我们都是通过编组的方式来完成各项工作的。10个人或者15个人做一项工作时，每个人都会各自发挥自己的作用。在流水线作业中，人们会一步一步地将原材料制成产品。在这个过程中，团队协作非常重要。相比一个人在这一流水线作业中完成几道工序或钻几个孔，整个团队通过合作共同完成几件产品更有意义。

过去，我经常对生产现场的人讲述划赛艇的例子。假设赛艇由 8 个人来划，4 人在左，4 人在右。如果划得不好，赛艇会左摇右摆，宛如蛇行。

如果有人说"我力气大，他力气小，干脆自己一人顶两个人来划吧"，于是就开始一个人发力猛划，这反而会造成混乱，导致赛艇忽左忽右无法走成直线。大家如果均匀用力，按着一个拍子，把桨伸入同一深度一齐划动，赛艇就能以最快的速度前进。

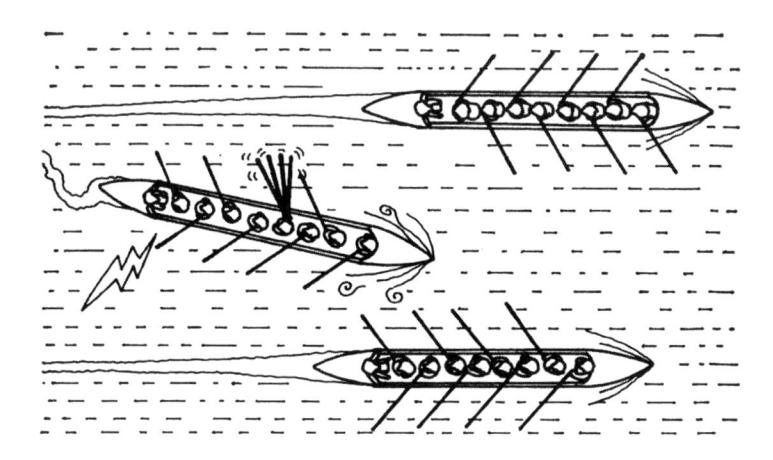

现在，排球比赛采用的是 6 人制，过去是 9 人制。假如现在由 9 名队员来打，那结果会怎么样？人们在做滚翻救球的动作时，很可能会头撞头、脚绊脚，甚至可能造成队员受伤。另外，即使一方有 9 名队员，而另一方只有 6 名队员，我认为，人多的一方也未必能取胜，倒是 6 名队员一方的胜算比较大。这也让我想起德川家康小时候看到人们做互相投掷石子的游戏时，曾猜测人数少的一方会取胜的故事。

在团队协作以及其他种种原因的作用下，人数少的一方有时反倒可能取胜。我认为，工作中也存在类似的情况。

我们可以从体育运动中获得各种各样的启发。在看棒球赛的时候，假如在内野守卫范围内划上线，指明二垒手、三垒手各自负责的区域，那么，这场棒球比赛就会变得索然无味。工厂里的工作也是如此，我们不能认为只要实行岗位责任制，就会所向无敌。

## 交接棒的奥妙

那是发生在我刚刚开始研发丰田生产方式时的事。朝鲜战争接近尾声，"三八线"这个词频繁出现在报纸上。我看过报纸以后，认为"三八线"绝对不能划，因为那意味着国家的悲剧。我们的工作也是一样。我明确指出，员工在彼此的工作中绝对不能够划定"三八线"。

为了帮助大家理解，我再一次以体育运动为例进行说明。我们开展工作时不要划"三八线"，应该引入田径接力赛那样的思维。在田径接力比赛中有一段交接棒区，在4人制的接力赛中，大家通过完美地交接棒取得的成绩会远超这4名选手各跑一段时个人最佳成绩的总和。

这与在游泳接力比赛中的规则不同。在游泳接力比赛中，已出发的选手的手不触泳池壁，未出发的选手就不能起跳入水。在田径接力比赛中，较强选手可以利用助跑区域来弥补较弱选手的不足。这是一件值得人深思的事。

工作亦是如此。在四五个人一起工作的时候，作业人员可以将物品或零部件想象为接力棒进行传递。如果后一道工序的作业人员因某些原因而出现延迟，负责前一道工序的作业人员就要替他取下机器上的在制品，然后待该作业人员回到工作岗位时，立刻把"接力棒"交还并返回自己的岗位。我会反反复复地向员工们强调做好交接棒工作的意义。

无论是企业活动还是体育运动，如果有5个人，那就希望5个人都拿出同等的力量。但是，事实上这并不现实。比如，工厂里就有刚刚进厂的、对工作内容完全陌生的新员工。在这种情况下，我们在生产现场采用了接力棒方式。在丰田汽车内部，这种彼此协作被称为"互助运动"。"互助运动"也是促成更加强有力的团队协作的原动力。

体育运动与企业活动有许多共同之处。而我认为其中最重要的共同点在于：无论是体育运动还是企业活动，都需要练习再练习、训练再训练。问题不在于用头脑去领会道理，而在于通过实践将道理铭记于心。只有经过坚韧不拔的训练，才能在比赛中获胜。

## 从超市得到的启发

我们曾反复指出准时化和自働化是丰田生产方式的两大支柱。我还把这一体系的运作工具称为"看板"。现在，让我谈谈它的由来。

实际上，"看板方式"是从美国超市得到的启示。

二战后，日本从美国进口了许多东西，诸如口香糖、可口可乐、吉普车等。1955年，超市也开始在日本出现。在此之前，伴随往来于日美两国的日本人的不断增加，有关超市如何与人们的生活密不可分的说法也从美国传入日本。超市也成为拥有强烈好奇心且喜欢模仿的日本人的关注对象。

我于1956年前往美国，参观了通用汽车公司、福特汽车公司及其他机械制造企业的生产现场。令我印象最为深刻的是在当时的美国，超市已经相当普及。

对我来说，还有一个特殊原因。早在20世纪50年代前半期，在我所负责的丰田汽车下属机械车间，就已开始研究、实际应用美国超市的经验。

汽车厂家借用超市的方法，也许是个很具创意的想法。其实，从很早开始我就间接地了解美国超市的情况。随着了解的加深，我产生了大胆的想法，那就是超市的方法或许能够助力我们实现准时化。

对顾客来说，超市就是能够在需要的时候，买到需要数量商品的店铺。虽然顾客有时会出于旺盛的购买欲望而购买一些不太需要的商品，但原则上超市是一个能够买到需要的商品的地方。

为了方便随时光顾的顾客能够买到想要的东西，超市方面必须备齐各种商品。

美国的超市，比起日本过去那种定期上门卖药的富山郎中、走门串户的推销员、在街上叫卖的经商方法来说是一种更合理的方式。因为这种方式，从卖方的角度来看，可以省去将那些不知道什么时候才能卖出去的商品搬来搬去的麻烦，从买方的角度来看，也可以减少对过度购物的担心。

我从超市得来的启示是，能否将超市看作生产线上的前一道工序。顾客则相当于超市的后一道工序，在需要的时间前往超市购买所需数量的商品（零部件）。而前一道工序需要立即补充被后一道工序取走的那一部分商品（零部件）。我们认为，这样做有可能接近我们的大目标——准时化，于是，我们于1953年在总公司工厂的机械车间开始进行实验。

当我于1956年去美国访问时，我亲眼看到很早以前就关注过的超市，便觉得这一方式正合我意。

1955年以后，日本也开始出现美国式的超市。于是，我们就可以就近展开研究，也告别了缺乏研究对象的痛苦阶段。但是，我们并不是流通行业的企业，既然已经掌握实现准时化的秘诀,作为制造商就必须抓紧时间向下一个步骤推进。我们导入这种方式之后,首先面临的最大问题就是,后一道工序作业人员一次性地大量领取相同的零部件会让前一道工序陷入混乱。对于实现准时化,这是一个无法回避的问题。后来,我们通过反复试错,终于走上了均衡生产的道路。相关内容,我会在后文进行论述。

**一个真实的"看板"**

## 何谓"看板"

丰田生产方式所运用的手段是"看板"。在各种"看板"之中,最常用的形式就是装在长方形塑料袋中的一张纸卡。

这种纸卡被当作传递"取货信息""运送指令信

息""生产指令信息"的工具，灵活地运行于丰田汽车公司内部以及丰田汽车与协作企业之间。

在前文我们已经讲过，我关于看板的启发来自超市。超市方面使用"看板"会收到什么样的效果呢？

超市方面会在顾客结账之后，将详细记录已被顾客买走的众多商品的种类和数量的卡片（相当于"看板"）送交采购部。这样，采购部就可以迅速地补充商品。对于丰田生产方式而言，这种卡片就相当于"取货看板"。目前陈列在超市内的各种商品，就相当于生产现场的工序储备。

如果一些商品的生产部门就在超市附近，那么超市会使用"取货看板"以及与此相关的"生产指令看板"与生产部门进行沟通，以便之后领取到指定数量的商品。

当然，超市并没有做到这一步，而我们在生产现场却早已进行过尝试。

1953年前后，我们机械车间就已经开始采用超市方式。那时，我们是将零部件型号以及与生产相关的必要事项标在纸卡上，运用于生产之中。从那以后，我们便将这种纸卡称为"看板"。我有一种直觉，那就是如果我们能够熟练运用"看板"，就能实现车间内生产活动的一体化，即系统化。我们仅仅利用一张纸卡就可以令产量、生产时间、生产方法、生产顺序、运送量、运送时间、运送目的地、放置地点、运送手段、容器等信息一目了然。从那时起，我们便考虑如何充分利用这种传递信息的手段。

通常，在企业内部，生产调度人员会根据生产什么、何时生产、生产多少等信息制作生产计划表、运送计划表、生产指令书、交货指令书等书面单据，然后将其分发到生产现场。然而，在生产过程中，"何时生产"可能会被随意解释。作业人员会认为只要不晚于指定的时间就行，当然早生产出来也可以。然而，这样就需要安排超出定员的人员负责整理提前生产出来的零部件。也就是说，准时化的"准"（just）是有意义的，那是因为仅仅做到"及时"（in time）并不能杜绝浪费。

采用丰田生产方式时，我们利用"看板"便可以完全杜绝"产出过剩"的现象，无须拥有超出需求量的库存。因此，我们也就不需要仓库，也不需要仓库管理人员，而且，也不再需要分发海量的单据了。

## 一知半解后患无穷

所有的工具都是如此，性能越好效果就会越好，但是，使用不当也会造成完全相反的结果。

同样的道理，我们如果不能正确地使用"看板"，也会产生各种问题。

为了确保员工们能够正确、熟练地使用"看板"，我们通过丰田生产方式的实践，在清楚地认识"看板"的目的和作用的基础上，整理出了"看板"的使用规则。

"看板"是实现准时化的一种手段，也可以说它的目的就是实现准时化。"看板"就是生产线的自律神经，生产现场的作业人员根据"看板"自行开始作业，并判断所需加班时间的长短。

"看板"也能促进管理监督人员职责的明确化。因为"看板"清楚地表明了应做的事项，所以毫无疑问可以起到促进作业和设备问题改善的作用。

使用"看板"确实可以使消除浪费的目的明确化。任何浪费问题一旦发生，我们通过使用"看板"立即就可以发现。因而员工们就可以针对这些问题，积极地开动脑筋，提出改进建议。

在生产现场，"看板"方式对于缩减工时、减少库存、消灭次品、防止故障再次发生都能发挥重大作用。

现在，我将"看板"的作用及其使用规则整理如下

（见下表）。

表 "看板"的作用及其使用规则

| 作用 | 使用规则 |
| --- | --- |
| 取货信息或运送指令信息 | 按照"看板"，后一道工序向前一道工序领取产品 |
| 生产指令信息 | 前一道工序根据"看板"指定的种类、数量、顺序进行生产 |
| 防止产出过剩、过量运送 | 没有"看板"时就不运送、不生产 |
| "现品票"即针对必要作业的证书 | 一定要将"看板"悬挂在作业现场的相关实物上 |
| 防止生产次品 | 确保产品百分之百合格 |
| 发现问题，助力库存管理 | 逐步减少"看板"的数量 |

在丰田汽车整体的物品流动过程中，说作为丰田生产方式运行工具的"看板"发挥着决定性的作用并不为过。那是因为它指挥着丰田汽车一年超过2万亿日元的生产规模。

如前文所述，丰田汽车的"看板"必须明确地体现出我们的意志。事实上，我们通过严格的规则运用，在企业业绩上收到了成效。不过，丰田生产方式也是不断向前发展的。因此，说对于"看板"运用规则的严密追求是一个永远的课题，这绝对不算过分。

## 变"反常识"为"常识"的才气与胆识

"看板"使用规则第一条是"后一道工序到前一道工序领取物品"。我在前文已经讲过，这个做法是逆向思维的产物。我们可以说它是一种立足于超常识或反常识视角的由需求引导出来的产物。

要贯彻"看板"的"第一条规则"，仅仅停留在知识层面的理解是不行的。企业的最高领导者必须更新意识，下决心把传统的生产、运送、交货流程颠倒过来，这样做本身就会遭遇重重阻力，因而需要拿出勇气。当时，为了贯彻丰田生产方式，我们也是痛下决心了的。

我于1943年从纺织行业被调到汽车行业。从那时起三十多年来，我开发出了丰田生产方式，并且一直都是推行这个体系的急先锋。

如今，丰田生产方式受到世人的广泛关注。而当时在人们的眼里，丰田生产方式只不过是个莫名其妙的、不靠谱的玩意儿。然而，在过往的日子里，我一直以自己独特的"大野方式"在漫漫长夜中摸索前行。在这期间，我也并非没有想过要放弃，但有幸得到知己的协助，终于得以摆脱困境，迎来了崭新的时期。

也许这是一种冒昧的说法，那就是丰田生产方式的形成，同我在丰田汽车职责的扩大是相吻合的。

1949—1950年间，我担任了总公司工厂机械车间的负责人，首先开始向准时化发起挑战。为了实现流水线生产，我改变了机器的排列方式，从而实现了由一个作业人员操作三四台机器的"单人负责多工序"。从那以后直至退休，我都充分利用自己不断扩大的权限，努力拓展丰田生产方式的推广范围。

在此期间，我的本意是通过大胆实践改造旧体系（传统保守的生产方式），而周围人或许认为我是在蛮干。在此，我不得不感谢始终坚定不移地给予我支持的丰田汽车最高领导层。

各位可能会有这样的疑问，为什么在论述"看板"的第一条规则时，话题又转到企业的最高领导层了呢？这是由于"后一道工序在需要的时间到前一道工序领取需要数量的零部件"这一规则在实行的时候，如果弄得不好，可能会动摇整个企业的基础。

"后一道工序到前一道工序领取零部件"，从生产现场的状态来看，就是需要的零部件在需要的时间、以需要的数量准确无误地到达生产线的指定位置。

但是，对前一道工序来说，这等于否定长期以来已经用惯了的"日程计划表"。人们对于这种不事先告知的方式的抵触心理非常强烈。而且，专用生产线以外的工段不得不进行生产程序的调整。通常，前一道工序的作业人员认为采用集中生产的方式比较合算。但是，就在他集中生产 A 零部件的过程中，就可能出现耽误了 B 零部件生产的问题。于是，新的需求就产生了。那就是要尽量缩短变换生产程序的时间，缩小批量。

其中最大的问题是领件一方会将同一类零部件汇总起来一次性领走。这样，前一道工序就可能会出现缺货。这时前一道工序的作业人员即使想通过库存补上缺货，有时也会因为事先不知道会被领走的是哪个零部件，而不得不在仓库中大量地储存各种零部件。如果所有的"前一道工序"都如此行事，那么就会造成整个车间到处都是零部件库存的景象。因此，要想实现后一道工序去前一道工序领取零部件这一方法，就必须在改变前一道工序生产方法的同时，改变后一道工序的生产方法。对于实行由后一道工序向前一道工序领取零部件的方法所引发的各种问题，我都一个一个地耐心解决了。这一切都是崭新的尝试，没有任何范本可供参考。实行过程中遇到的众多问题都是之前没有预料到的，所以当时我们每天的工作都非常紧张。我们通过反复尝试、反复修改，在公司内部不断推广"后一道工序去前一道工序领取零部件"的方式。当时，我们都是选择在公司下属的工厂内做这样的实验，绝不以外包零部件作为对象。那是因为我们认为如果新的运作方式出现问题，在公司内部相对容易解决。

我们将这种方式运用于外包零部件是从1963年开始的。彼时，我进入汽车行业已有将近20年的时间。正是因为准时化能够使工作变得得心应手，近来才会经常听说，某实力雄厚的汽车底盘制造厂要求他们的协作企业按"准时化"的原则交货。如果不改变自己公司内部的生产方式，只在领取外包零部件时针对协作企业使用"看板"，"看板"立刻就会变为凶器，失去原有的作用而成为另类的东西。

所谓准时化，就是将需要的零部件在需要的时间以需要的数量及时地送达生产线的指定位置。这是一种理想的生产体系。但是，丰田汽车作为一个底盘厂家只让协作企业导入这种方式是不够的。要想真正实现丰田生产方式，就必须对现有生产体系进行全面革新。因此，我们要想实施丰田生产方式，就必须有坚持到底的决心。

## "构建流水作业生产线"是基础

二战后，我一直在思考如何制造好产品的问题。与此同时，我也按照这个思路积极地扶植了协作企业。1955年以后，丰田汽车就一直引导协作企业按照需求量进行生产。不过，我们指导协作企业广泛采用"看板"方式生产产品是从石油危机之后才开始的。

在此以前，我们向丰田集团的协作企业传授的是丰田式的工作方法，即"制造方法"。

局外人常常会认为，丰田生产方式和看板方式是一回事。其实，丰田生产方式是一种生产方法，而所谓看板方式则是一种管理方法。

在石油危机以前，我们指导协作企业采用丰田式的制造方法，具体而言，就是尽可能地采用流水作业的方法。针对那些已经做到这一步的协作企业，我们再指导其采用看板方式就非常容易了。

企业如果不采用流水作业的生产方法，即使想要引入看板方式，也无法马上做到。丰田汽车之所以能够引入并成功消化看板方式，是因为丰田汽车具有在生产现场采取流水作业方式的意识，并且进行了实践。那些没有这种意识的企业，即使想采用看板方式想必也是非常困难的。

如果仅仅在最后的总装配线实行看板方式，要求作为前一道工序的机械车间为总装配线按照需要的时间提供需要数量的零部件，当然也是根本做不到的事。这当然不是机械车间不好。如果我们一道道工序按顺序向前追溯，就必然会发现事先构建一种能够适应看板方式的生产流程才是先决条件。

看板方式是实现准时化的工具。但要想充分发挥这个工具的作用，尽可能地采用流水作业方式进行生产是必不可少的先决条件。这也可以说是基础条件。此外，尽量使生产保持均衡化，并贯彻标准作业进行生产，这也是一个重要的先决条件。

1950年，在丰田汽车总公司工厂内，总装配线和机械加工生产线之间的流水线终于完成了。我们终于迈出了"同步化生产"小小的第一步。此后，我们继续一道道工序地向前扩展，并且开始采用看板方式进行零部件的加工和运送。这种方式逐渐得到了大家的理解，从而为在全公司普及看板方式打下了坚实的基础。

1962年的时候，看板方式终于在丰田汽车全公司得到普及。之后，我们开始邀请协作企业到现场参观、学习。

彼时，协作企业的人没有任何有关看板方式的知识。如果没有范本，他们非常难以理解看板方式的意义。

于是，我们就每次邀请几家位于附近的协作企业的人员来学习。我们会邀请模压厂的人参观我们的模压流程，邀请机械厂的人参观我们的机械车间，在生产现场向他们传授低成本的产品制造方法。事实证明这种方法的确不错。

如果我们仅仅在懵懵懂懂之中抽象地给协作企业的人讲述看板方式，他们理解起来会相当困难。

我们从附近的协作企业开始，逐渐地将推广的范围扩展到名古屋地区，很长一段时间后才终于拓展到关东地区。除了距离上的原因，还有别的原因。那就是关东地区的零部件企业除向丰田公司供货以外，还同时向其他公司供货。所以他们认为仅仅为了应对丰田汽车而采用看板方式并不划算。

对于这种情况，我认为除了让他们慢慢理解，没有什么好办法，只有耐心地等待他们醒悟。

在此，我再将话题转回到协作企业。当初，一半以上的协作企业认为引入看板方式是一件麻烦的事。在邀请协作企业的人员来丰田汽车参观学习的时候，他们的最高负责人是不会到场的。甚至最初的时候，就连负责生产的董事、制造部长也不会来。来学习的都是一些销售人员，重要人物都没有来。

在刚刚组织参观的时候，虽然对此不理解的企业很多，但我还是希望他们能够了解一下看板方式。协作企业在采用看板方式遇到问题时，丰田汽车会派人去帮助他们。位于附近的不少协作企业在刚刚推行看板方式时也曾遭遇来自公司内部的相当大的阻力，但还是很快地得到了人们的理解。如今，看板方式终于在这些协作企业开花结果，这实在令人欣慰。

## 灵活运用权限推进实施

无论如何，对任何初次接触"看板"的人来说，这都是一个难以理解的东西。最主要的原因是它与以往的常识完全不同，因而会遭到人们的顽强抵制。于是，我决定在力所能及的范围内实验性地推广"看板"。当然，其前提是不能影响正常工作。

1945年，我担任机械车间和装配业务的负责人。当时，丰田汽车下属的工厂只有总公司工厂这一个。1950年劳资争议结束以后，总公司工厂中设有第一制造部和第二制造部，我担任第二制造部部长。第一制造部负责毛坯的锻造和铸造，这个工作会牵扯到总公司工厂的各个部门，暂时不能使用看板方式。我们只能在负责机械加工、装配工作的第二制造部运用这种新方式。

1959年，丰田汽车元町工厂竣工了，不久我就被任命为这座工厂的厂长。于是，我立即着手在元町工厂尝试看板方式。然而，由于原材料仍然依赖总公司工厂的供应，所以不能在整个工厂范围使用"看板"，仅能在机械车间、冲压机车间和组装车间使用。

1962年，我担任总公司工厂厂长之后，锻造和铸造两个车间才开始采用看板方式。从此，丰田汽车在全公司范围普及了看板方式。在此以前，"看板"只被用于公司的部分区域。

如今回想起来，我们在丰田汽车内部从引入看板方式到实现完全普及花费了超过10年的岁月。不得不承认我们真的花了太多的时间。不过，我反过来一想，我们这是在做一件打破常规的事，花费一些时间也是理所应当的。无论如何，这都是一种宝贵的经历。要想在公司内部推广看板方式，如果制造只是部长理解而下面的员工不理解，那也是不行的。

在工厂里，组长、工长就相当于领班。即使是工长，遇到与以往完全不同的情况，也会感到不知所措。

这些组长、工长在自己管辖的范围内，可以通过大声责骂员工的方式推进工作，但面对同一级别不同部门的组长、工长就不能这样做了。因此想让生产现场各个部门都理解"看板"，花些时间是必然的。

在此期间，由于总公司最高领导者是一个豁达的人，所以他不声不响地将一切全权委托给了我。我为了让大家理解"看板"，常常对生产现场的领班们进行督促。当时，似乎他们给我的这位上司写了许多告状信。他们说这个叫大野的家伙简直是乱来，希望停止大野的工作。但我的这位上司并没有下这样的命令。如今想来，他当时肯定相当为难，但他选择相信我。对于这一点，我深表感激。1962年，丰田汽车在全公司范围内普及了看板方式，这意味着看板方式得到了大家的认可。恰恰在那个时候，我们迎来了经济高速增长时期。我认为，这在时机上对丰田汽车也是非常有利的。

我们通过逐步推广看板方式，不断增强了生产现场的力量。

我负责装配线时，就曾以装配作业为中心尝试追求准时化。此时决定成败的是前面的机械加工、车身、涂装工序。现实的问题是，偶尔作业人员需要从冲压机处取回车身，用"看板"将机械加工部门与原材料部门联结起来非常困难。于是，我们就通过各种准备工作尝试用"看板"将机械加工部门的各工序联结起来。我们通过这样的尝试，对"看板方式"中可能存在的漏洞也进行了检验，从而获得了宝贵的经验。

## 堑山堙谷

"看板"的第二条使用规则是"前一道工序只生产后一道工序所需数量的零部件"。为贯彻这一规则，所有生产工序的人员、设备等都必须做好准备，以便在需要的时间生产所需数量的零部件。

在这种情况下，如果后一道工序以一种在时间、数量上不均衡的方式到前一道工序提取零部件，前一道工序就必须在人员、设备上保有超过正常需要的能力，这会造成沉重的负担。

后一道工序领取零部件的数量越零散，前一道工序在人员、设备方面需要保留的余地也就越大。

丰田生产方式通过"看板",不仅将丰田汽车公司内的各道生产工序连接起来,还将外部协作企业群的各道生产工序都连接起来,也就是实现了同步化。因此,最后一道工序的生产不均衡、订货不均衡都会给前面的每一道工序带来连锁式的不良影响。

为了避免发生这样的恶性循环,我们就必须让作为汽车底盘厂家的丰田汽车的最后一道工序即整车装配线的生产高潮尽量低一些,硬顶生产低潮尽量高一些,以此来确保均衡生产。这在丰田生产方式中被称为"生产均衡化"。

最理想的生产均衡化,就是彻底消灭最后一道工序即整车装配线的不均衡问题,但是,要做到这一点极为困难。

为什么呢?每个月从丰田汽车的多个整车装配厂下线的车辆超过 20 万辆,而且那些车的种类堪称数不胜数。

仅从汽车的尺寸、车身样式、发动机排量、车辆规格、变速方式的不同组合来看,其数量就达数千种之多。如果把车身颜色、各种用户的选装要求也考虑进去,生产相同汽车的情况少之又少。

当今社会的重要特征就是人们都追求价值观的多样化。这样的多样化也直接体现在汽车需求的"多样化"上。事实上,这种多样化确实已经成为影响汽车厂家量产效应的重要原因。

然而，从适应当今社会多样化的情况来看，相比美国福特式计划生产的量产体系，丰田生产方式要高效得多。

原本，丰田生产方式就是诞生于"小批量多品种"这种典型的日本环境，并以此为基础发展建立起来的。因此，从诞生之日起，它对多样化就具有强大的适应能力。

之所以说丰田生产方式对多样化适应性强，是因为那种基于传统的按计划生产的量产体系难以应对变化，而丰田生产方式则具有极强的灵活性，具有应对"多样化"苛刻条件的余地和空间。

要问在石油危机以后，丰田生产方式为什么开始受到世人的关注，我想大概是因为它在不增加产量的时代，仍然具有强大的抵抗力。在此我想明确一点，那就是产生这种抵抗力的一个动力就是其针对这种变化的游刃有余的应对能力。

## 向"均衡化"挑战

现在，我想使用具体实例来论述一下生产均衡化问题。我们在丰田汽车的堤工厂（位于日本爱知县丰田市）开展了这样的均衡化生产。该厂有两条生产线，负责生产"卡罗拉""卡丽娜""塞丽娜"等车型的乘用车。

在一条生产线上，我们不采取集中生产方式，而是采取轮流生产方式，即上午生产"卡罗拉"，下午生产"卡丽娜"。这样做的目的在于确保生产均衡化。

我们采取这样的慎重方式的意图在于尽量缩小同一品种的生产批量，以免给前一道工序造成多少不一的不良影响。

我们在另一条生产线上生产"卡罗拉"时，实施了更为细致的均衡化。假设，一个月工作20天，生产1万辆"卡罗拉"。其构成是轿车5000辆，硬顶车2500辆，旅行车2500辆，那么，日产量就是轿车250辆，硬顶车和旅行车各125辆。

生产线上的生产节奏是怎样的呢？我们采取的是在每生产一辆轿车之后，生产硬顶车和旅行车各三辆的流动生产方式。这样做可以最大限度地压缩同一产品的批量，从而最大限度地消除生产中的不均衡。

我们在作为丰田汽车量产工序的整车装配环节，就是这样细致地安排生产的。我们能够实现这样的生产方式，这就已经足以证明前一道工序，比如冲压部门等已经颠覆了原有的按计划生产的旧体制，牢固地掌握了全新的基于丰田生产方式的生产方法。

我们还会努力缩小每个批量的规模，尽量不持续生产同一款物品。推进这种均衡化的方式，最初对于冲压部门而言实在是太难了。

这是因为长期以来，在冲压生产现场有这样的常识。冲压部门会尽可能用一个模具连续冲压，只有这样做才能降低成本。因此，他们往往需要将批量拼凑在一起，以便使冲压机持续工作。

采用丰田生产方式时，要实行生产的均衡化，就是要求尽量缩小批量。这样的做法颠覆了人们过往的常识。

为此，冲压部门付出了这样的努力。

缩小批量就意味着不能长时间使用同一个模具连续冲压。因此，作业人员就必须根据变化的产品种类而更换冲模，也就是说，要频繁地"变换程序"。

其他的机械部门也是如此。这种生产方式也逐渐扩展到与各部门相关的前一道工序。连外包零部件的协作企业也得按照颠覆传统的做法行事。"缩小批量，迅速变换程序"已成为大家的口号。

1945年至1954年，丰田汽车内部冲压部门的作业人员变换一次模具需要 2~3 小时。到了 1955 年至 1964 年，伴随公司内部生产均衡化的推进，这一用时大幅缩短至远少于 1 个小时，甚至是 15 分钟，又于 1971 年进一步缩短至 3 分钟。

尽量创造变换程序的条件，切实做好变换程序的准备工作，尽量做到无须调整是变换程序工作的关键所在。面对各种从未遇到的新问题，大家群策群力，全力应对。为了缩短变换程序所需的时间，作业人员也会刻苦训练。尽管困难重重，当时丰田汽车内部以及协作企业的热情却一直不减。那时人们为实现均衡化所付出的努力，简直难以用语言来表达。

## "均衡化"与"多样化"

我在前文已经讲过，生产"均衡化"是推进丰田生产方式的一个重要条件。这种"均衡化"在应对汽车市场的"多样化"时，相比传统的按计划大批量生产的方式具有极大的优势。

对于这一点，我是充满自信的。不过，一般而言，市场上的多样化和生产的均衡化不可能在一开始就能相互协调，也就是说，它们之间存在相互排斥的一面。

随着多样化的发展，实行均衡化变得越来越困难。这是无法否认的事实。但是，我想再次强调的是，只要努力，采用丰田生产方式完全可以应对这样的问题。

为了使市场的多样化和生产的均衡化协调起来，我们在设备方面采取赋予专用设备通用性的重要措施。

比如，拿产量世界第一的量产车型"卡罗拉"的生产计划来说，因为要按月制订准确的生产计划，所以就可以用计划产量除以工作日（实际生产天数），这样就可以得出达到"均衡化"的日产数量。

在生产线上，我们必须进行更为细致的均衡化。例如，在一条生产线上，上午生产普通四门轿车，而下午用一定时间生产掀背车，把同一种车型汇总起来进行生产是与均衡化背道而驰的。如果将两条生产线分别用作生产轿车、掀背车的专用线，容易实现均衡化。不过，由于在场地和设备方面受到限制，这一点无法做到。那么，我们应该怎样做呢？

在一条生产线上也是能够实现均衡化的，只要按某种顺序搭配轿车、掀背车的生产就可以了。

降低成本的最有效措施是基于使用专用设备的大量生

产。然而，为了实现均衡化，我们就不能只是简单地沿袭这种方式，而应该想方设法尽量不影响量产效果。也就是说，努力通过最小限度地加装设备、治具，创造史无前例的、具有多种用途的专用生产工序变得越来越重要。

我们一旦把这种思维贯彻到所有工序中，就能够兼顾多样化和均衡化，并可以更及时地应对顾客的订单需求。未来，市场上多样化趋势会越来越强，因此，我们必须加倍努力。

## 利用"看板"促进改善

根据"看板"的第一条、第二条使用规则，"看板"具有提供取件信息、运送指示信息、生产指令信息的作用。关于这一点，我在前文已经提到过。

"看板"的第三条使用规则是"没有'看板'时就不运送、不生产"；第四条是"'看板'一定挂在作业现场的相关实物上"；第五条是"确保产品百分之百合格"；第六条是"逐步减少'看板'的数量"。如果我们能够切实地遵守上述规则，"看板"发挥的作用就会越来越大。

通过与需要的物品保持同步,"看板"发挥着针对必要作业的证书的作用。"看板"可以防止生产现场可能出现的最大的浪费,即"产出过剩"。

为了达到"确保产品百分之百合格",我们可以构建这样一种系统:某道工序一旦出现次品,就能马上自动检出,即"让生产出次品的工序及时发现问题"。这就是"看板"方式的独特作用。

在各个工序进行准时化生产,就意味着各个工序都无须维持超出需求的库存。如果某个工序出现次品,就会引起后一道工序的停工。这种情况必须做到让任何人都一目了然。后一道工序的作业人员会将次品返回前一道工序,以防止次品再次产生。

如果我们树立次品不仅意味着"不合格零部件",还意味着"不合格操作"的观念,那么"确保产品百分之百合格"的含义就更加明确了。

也就是说,作业人员的操作如果没有完全达到标准化、合理化的水平,在操作方法、操作时间上就会出现浪费、不稳定和勉强等情况,而这些情况都会导致次品的产生。

如果不排除这样的不合格操作,就难以保证对后一道工序的供应（从后一道工序来说是领取），也难以达到尽量降低成本的目的。

我们在努力追求工序的稳定化与合理化过程中，需要设法实现自働化。只有实现自働化才能使生产的均衡化充分发挥其价值。

为了贯彻上述六条"看板"使用规则，我们必须付出非凡的努力。也就是说，要贯彻这些规则，就必须将丰田生产方式作为整个企业的经营体制来加以运用。

事实证明，如果不遵守这些规则而只是引进"看板"，那么既发挥不了"看板"应有的作用，也不能带来成本的降低。这种断章取义地引入"看板"方式的做法有百害而无一利。

如果我们认同这样一种观点，即"看板"是一种能够发挥降低生产成本、有效管理生产现场的作用的工具，那么要使之发挥效用就必须下定克服一切困难、恪守规则的决心。

人们常说"改进永无止境"。在运用"看板"的时候，不能故步自封，而是要发挥创新精神，想方设法使其发展，这是"看板"运营者的永久课题。

## "看板"和台车是搭档

如前所述，所谓"看板"就是装在长方形塑料袋中的纸质卡片。"看板"的一个重要作用就是它是连接生产现场上道工序与下道工序的信息工具。

"看板"总是和物品保持同步，是实现准时化生产的重要手段。在此，我想通过实例谈一谈如何将"看板"与台车相结合，从而使其发挥更大的作用。

例如，在丰田汽车总厂，用于运送总装配线上的发动机、变速箱等部件的台车的装载容量是固定的。

作业人员使用这些台车运送发动机时，当然会悬挂"看板"，不过台车本身也能发挥"看板"的作用。换句话说，当总装配线上的发动机数量只剩下基准数（即3~5台）的时候，将发动机装配到汽车上这一道工序的人员，就要用空台车到前一道工序换回一辆装有所需发动机的台车。

虽说原则上是必须挂"看板"，但在这种情况下，即使没有"看板"，前一道工序和后一道工序的人员也可以通过协商来确定用几辆台车较为合适，因此，即便只悬挂简单的号码卡片，也能达到同样的效果。

如此，总成组装线的人员即使想比需求的数量多制造一些，因为没有空台车就会遇到无处可放的问题。这样，产出过剩的现象也会被避免。同样，总装配线也是如此，没有超出台车可装载数量的库存。如果"看板"方式的基本思想渗透到生产现场，人们还可以想出各种应用方法。不过，我想再次强调一遍，绝对不能忘记使用"看板"，这是一个原则性问题。

在此，我想再举一例。在汽车工厂的生产现场，人们为了追求运送合理化，会大量使用链式运输机。人们或用它吊起部件进行涂装，或用它向生产线供应组装用的部件。此时，如果没有"看板"，工作人员就不被允许把部件挂到吊钩上。

利用这种链式运输机运送多种零部件时，为准确无误地做到"何时，什么零部件，悬挂多少件"，要按能够进行均衡化生产的间隔，把代表指定零部件的标志贴在链式运输机的吊钩上，表示只生产标示出来的零部件，这就是设置被称为"指定座席"的方法。这样"指定座席"随着传送链一起不停移动，便可以在保持均衡的情况下，确保必需零部件的顺利领取、供应。

## "看板"的灵活性

为了帮助各位理解"看板"的真正含义,我想举几个例子加以说明。

传动轴是汽车的重要部件。制造这种部件是一件非常麻烦的事。

为了防止传动轴旋转时不平衡,在精度调试阶段,作业人员要用手把像小铁片一样的平衡块贴在传动轴上。

这种类似小铁片的平衡块共有五种,作业人员需要根据传动轴旋转时的不平衡程度,选出适合的平衡块安装上去。如果没有旋转不平衡的现象,就无须安装平衡块。根据不同情况,有时作业人员需要安装上几个平衡块。这五种平衡块的使用量很不规律,不像其他零件那样知道生产计划就可以确定需求量。因此,如果不对这种零件进行妥善管理,既有可能遭遇意外的缺货,也有可能造成库存的堆积。

我们绝不能有"这么一个小铁片能造成什么问题呀"的想法。实际上这是个重大问题。为了做好这种部件的供应,企业需要专门配备一些额外的间接性作业人员。

在这里,作为丰田生产方式运用手段的"看板"遭遇了新的挑战。

为实现工厂的准时化运转,"看板"作为生产管理的一种手段,必须有效地发挥作用。要想实现准时化运转,让"看板"发挥有效作用,实现生产的稳定化和均衡化是必不可少的先决条件。或许有人认为,"看板"只适用于管理每天需求量稳定的零部件。这种想法是错误的。相反,如果轻率地认为,领取的不是需求量稳定的零部件就不能使用"看板",那也是错误的。

就这样,我们在汽车生产现场的传动轴动平衡工序这一最难于管理的工序上引入了"看板"。

为了对需求量不稳定的平衡块的生产、运送和使用全过程进行更妥善的管理,各工序必须准确把握五类平衡块的库存量,这是一个重要的前提条件。因此,相关方面要经常对其库存情况进行动态跟踪,以此组织生产与运送,避免缺货或库存过剩的发生。为了达到这些目的,我们引入了看板方式。

结果怎样呢?由于在生产现场的平衡块上挂上了"看板",人们能够准确地把握其种类和数量。通过"看板"在各工序间的不停移动,各部件能按需要的顺序进行储备和运输。作为结果,我们做到了让五种平衡块的库存量保持恒定，这样就成功地削减了库存，做到了库存合理化。

我想强调一点，那就是看板方式绝不是僵化的东西。对于需求量不稳定、貌似不适用看板方式的特殊专用零部件的生产管理，它也是有效的。关于这一点，在丰田汽车内部已经得到证明。

## 赋予企业"反射神经"

人们常常将企业比作一个人的身体。

人体中有各种各样的神经，既有和意识无关的反射神经，也有支配肌体的运动神经。人体的构造有着令人惊异的平衡性。在整个人体结构中，各个组成部分完美的配合简直令人赞叹不已。

当我们看到美味可口的佳肴时，反射神经会令我们不断地分泌唾液；当我们参加体育运动时，反射神经又会使心脏加快跳动，促进血液循环。这些反射神经即使没有大脑的指令，也能在无意识中调节我们的身体。于是，我常常联想怎样才能使规模越来越庞大的企业也具备"反射神经"。

对生产管理而言，反射神经就是要具备独立判断的机能。在生产现场，人们会面对一些问题，比如今天生产这些是否就足够了，如何安排各种零部件的生产顺序，今天是否需要通过加班来生产一定数量的零部件等。我们要构建的生产现场是，在面对这些问题时，作业人员无须一一询问相当于大脑的生产管理部、工务部就能独立做出判断。

我认为，丰田汽车通过令准时化思想广泛而深入地渗透到生产现场，贯彻"看板"的使用规则，拥有了反射神经。

我发挥自己的想象力，将企业和人体的反射神经联系、结合起来进行思考。企业实际上是以生产管理部为核心，制订计划、发出指示、调整计划是家常便饭。所以，左右企业的现状和未来的正是计划。而在人体当中，计划就相当于人的脊椎。

计划总是在变。在这个世界上，我们很难完全按照既定的计划行事。我们不得不根据实际情况的变化，不断地修改计划。如果认为计划一旦制订，就得不折不扣地贯彻执行，那甚至可能影响企业的生存。

人们常说越是健康的脊椎越容易弯曲。也就是说，人体的韧性非常重要。当我们因为受伤而打上石膏的时候，脊椎就只能保持僵硬的状态，不能像平时那样发挥作用。那些认为计划一旦制订了就必须执行到底的想法，如同打了石膏的不健康的身体。

或许有人认为杂技演员的骨头一定是柔软的，我想绝对不是这样的。他们又不是软体动物，他们之所以能进行那样的表演，是因为脊椎经受过锻炼。

像我的脊椎这样已经老化的脊椎是不容易弯曲的，即使弯下去也不能马上直起来，我认为我自己就应该清醒地认识到这是一种脊椎老化现象。企业同样也会出现老化现象。

我认为，企业必须具备反射神经，这样就无须事无巨细地都依赖大脑，而是通过反射中枢来分担一部分问题。比如，我们可以利用反射神经顺利地应对计划的小规模变动。例如，我们感觉有沙子要进入眼睛的时候，就会本能地眨眼来阻挡沙子的进入。我们的手一旦碰到热东西，便会迅速缩回来，以免被烫伤。

企业规模越大越需要具备健全的反射神经。如果对计划进行的微小变更都需要大脑发出指令，生产管理部发出票据、计划变更通知的时候都需要企业管理层发出指令，企业不仅难以避免"烫伤""受重伤"，甚至会错失重大商机。企业只有具备无意识地适应变化的微调机能，才算是真正安装上了反射神经。我坚信：利用目视化管理以及作为丰田生产方式两大支柱的准时化和自働化，可以更好地锻炼企业的这种反射神经。

## 在需要的时间提供所需的信息

我曾经强调过，用农业思维来应对如今的工业时代是行不通的。但是，我们是否需要一下子就切换到计算机思维呢？对这种做法，我也是反对的。我们需要的是介于农业思维和计算机思维之间的工业思维。

计算机确实是一个了不起的发明。一切计算工具在它问世之后，都相形见绌。把计算工作都交给计算机去做，这正是人类的智慧。

人们原本想要随心所欲地操控计算机，可事实上却要受制于它的高性能，结果反而受其摆布。

以非常快的速度提供海量的信息，真的经济吗？这正像那些高性能的大型机械，因为会造成产量过剩而只能被闲置于仓库里。那是因为这样的机器会造成产出过剩，导致成本的增加。

对生产现场而言，计算机所提供的相当多的信息都是用不上的。过早地下达指令，将会导致过早地筹备原料，造成浪费。过多的信息也会使生产现场陷入混乱。

既不同于农业思维也不同于计算机思维的工业思维就是能够充分调动生产现场人员的聪明智慧，并且赋予相当于人们手脚的机器以智能，同时还能推出工厂整体的，包括外部协作企业在内的生产管理方式的思维。

美国式的大量生产方式通过对计算机的充分利用而取得了成效。我们丰田汽车也绝不拒绝使用计算机。非但如此，甚至在制定以均衡化为目的的工序规划时，以及在规划阶段计算每个零部件的日需求量时，我们都离不开计算机。不过，在我们眼里，计算机只是一种工具，我们一直努力不受制于它。而且，我们坚决反对那种因为有了计算机就忽视人的作用，高成本地利用计算机的方法。

丰田生产方式中的"准时化"，就是将需要的物品在需要的时间、以需要的数量送达生产线。因此，这种生产方式不需要多余的库存。同样，对于信息而言，只要做到能在需要的时间获得需要的信息，然后将这样的信息及时地传送到生产现场即可。

总之，计算机是一种能够瞬间完成过往人们需要很长时间才能完成的计算。因此，它肯定会有和人的速度配合不协调的一面。如果我们对于这一点没有清醒的认识，就有可能遭遇重大问题。

在应对市场需求即来自顾客的订单的时候，如果能使用计算机仔细地进行整理是相当不错的，但是要想做到对计算机的有效运用，就需要做到群策群力。生产现场所需要的信息是客观存在的。在许多场合，今天所需要的信息，在10天或20天前都是不需要的。

所谓工业思维，就是必须具有极强的现实性。从这个意义来讲，丰田生产方式是一种立足于工业思维的生产方式。

## 丰田特有的信息系统

丰田汽车当然也有各种各样的计划。根据丰田汽车销售公司的订单，即根据市场需求推进准时化生产，并不等于就不需要计划。

为了顺利地推进丰田生产方式，我们必须完整地制订生产计划，构建丰田式信息系统。

首先，丰田汽车会制订年度生产计划。这是一个关于一年生产多少辆汽车的大致产量（同时也会涉及销量）计划。比如，"今年生产200万辆"就是这样的计划。

其次，丰田汽车还会制订月产计划。例如，拿3月要生产的汽车来说，就要在1月的时候通过"内部通知"下达有关"生产什么车型，生产多少"等内容的计划。到了2月，我们会进一步确定车型和款式以及其他生产细节。针对外部协作企业，丰田汽车也会同时传达这些"内部通知"和已经确定的细节信息。接下来要做的就是根据上述信息，制订周密的日程计划。

对丰田生产方式而言，这种日程计划非常重要。丰田汽车会按照贯彻均衡化的原则制订日程计划。

在前一个月的后半个月，各条生产线将分门别类被告知下个月的日均产量。在丰田汽车内部，人们将其称为"日产水平"。接下来，我们只要把日产计划进一步均衡化，并进而制订出生产工序计划，送到最后总装配线的开始处就行了。

这就是丰田式信息系统的一个重要特征。其他企业大概都是采用向所有工序发送各种各样信息的方式吧。

在这里，我想讲解一下丰田式信息系统在生产现场是如何发挥作用的。

装配线的作业人员在使用摆放在生产线旁边的零部件组装汽车时，就会取下"看板"，做好下一次前往前一道工序领取零部件的准备。而前一道工序则只生产已被提取的数量的零部件。因此，前一道工序没有专门的生产计划。也就是说，"看板"发挥着向前一道工序发送指令的作用。那么，装配工序（包括车身组装工序）是根据什么样的信息运行的呢？

关于这一点，我想借助图进行说明。下图表示的是汽车厂最后一道工序，即总装配线（车身组装线）的运行情况。各辅助组装工序与位于中间的流水总装配线相结合形成了一套完整的生产线。图中的号码是车辆的通过号码。

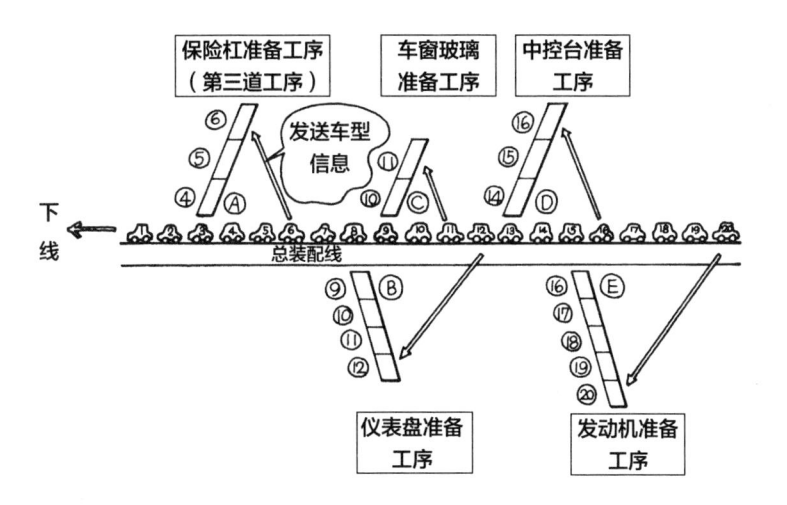

1号车即将下线时，20号车就会进入第一道工序。

生产信息（工序计划）是一台一台地下达到总装配线的第一道工序（图中表示20号车准备上线）的。第一道工序的作业人员会把生产指令卡（生产指示表）贴在汽车上，上面记载着有关生产的必要信息。第二道工序及以后的作业人员看到这辆车之后，就明白应该安装的零部件。

对于辅助装配工序的作业人员来说，在能够看到车辆时不会有任何问题，但是，如果遇到因设备或柱子遮挡而看不见车的情况，就需要得到这样的信息：假设现在A工序负责安装保险杠，而保险杠准备工序是第三道工序，此时A工序需要知道6号车要安装什么样的保险杠。于是，在总装配线上装6号车的工序要向保险杠准备工序最前端的作业人员提供这样的信息，除此以外其他信息现在对他来说都是不需要的。

我们如果使用高端计算机，就能做到实时地向每道工序传递必要的信息。不过，这就需要安装大量的辅助设备和线路，从费用来说也是不现实的，在可靠性方面还会面临问题。于是，我们使用普通的计算机，采用向总装配线的起点处传送20号车的信息时，同时向A工序的起点处传送6号车信息的方法。如果使用高端计算机就有可能造成虽然 A 工序只需要 6 号车的组装信息,却过早地收到了 20 号车的组装信息的情况。

过多的信息会导致冒进、操作混乱,既有可能造成需要的产品在需要的时间无法制造出来,也有可能造成零部件生产过剩,甚至影响生产线,使其不能简单地进行生产计划的变更。

企业内部必须对过剩的信息加以控制。在丰田汽车,我们通过让产品本身发挥传递信息的作用,实现了对过剩信息的控制。

## 微调的作用

当我们按照这样的方式构建起丰田信息系统的时候,这个系统在生产线上就展现了显著的效果。其发挥的功能就是自动微调功能。

不仅限于汽车市场,任何市场即使不经历重大的经济冲击,也都会呈现兴衰交替。

即使我们根据预测的市场需求制订了生产计划,但在实际生产过程中也常常需要增减数量,调整品种。

如果生产线能够做到紧跟变化的市场形势灵活地改变

计划，那是最理想不过的。但是，实际上，人们常常会遇到由于信息系统不易变更或者在生产现场受到严重制约而难以进行调整的情况。

"看板"具有在一定范围内自动进行微调的优点。由于并没有事先对各种生产线下达详细的计划，因此，作业人员要想知道接下来组装什么车型，就必须去看"看板"。比如，我们就会遇到这样的情况。原计划生产 A 型车 4 辆、B 型车 6 辆，共 10 辆，但最终生产出来的是 A 型车 6 辆、B 型车 4 辆，刚好相反。然而，在生产计划变更的过程中，并不需要有人专门到处奔走进行联络，作业人员只要按照"看板"上的指示信息进行作业就好。通过"看板"来自动地实现这种变更，这堪称"看板"的一大优势。之所以这样，是因为如果无视市场的变化，不根据市场动向适时地进行调整，结果就是在某个环节面临被迫进行大幅度的计划变更。比如，尽管销量已经减少了 5%~10%，但我们依然按照原计划生产了三个月，那么第四、第五个月的时候，就要进行所谓的"调整库存"而必须减产 30%~40%。这种后果不仅会给企业自身带来影响，还会殃及协作企业。企业的规模越大，所造成的社会影响也会越大，后果会极为严重。

事无巨细地按原定计划进行，是管制经济和计划经济的做法。如果是这样，我认为，在一切都按计划推进的管制经济环境下，就没有办法利用体现人的意图的"看板"进行生产微调了。

## 应对变化

"微调"这个词语颇耐人寻味，尤其是对于企业的最高领导者而言。世上的事难以一直按照原定计划向前发展。但是，世上就有这样胡来的人，他们明明知道不能事事都按照原定计划推进，在现实中却非要这样做。他们在面临各种问题时，都会用"执行原定计划就好""变更计划是可耻的"之类的思维加以应对。在完全看不清未来的时候，面对状况的变化，我们当然要进行改变。我认为最为重要的是，让自己保持灵活头脑的同时，构建能够适应各种变化的现场体系。

长期以来，我一直致力于丰田生产方式的开发，这是一项不易被人理解的工作。如今，回顾过去的漫长历程，我想仍然还可以这样说，"看板"这种工具通过向我们发送"有错立即纠正""欲速则不达""耐心等待时机"等信号，屡屡帮助我们预防了失败、失控情况的发生。

我认为，微调功能在推进计划的过程中，不仅能够发挥发出"执行"或者"暂停"指令的作用，还能在暂停时发挥指明停止原因及进行重启的作用。

幸运的是，在我从事开发丰田生产方式的漫长过程中，丰田佐吉老先生所创造的自働化思想、丰田喜一郎先生提出的准时化思想成了给予我支持的两大支柱。不仅在现实的生产活动中，而且在研究新事物方面，这两个思想使我的思路变得更加开阔。

丰田生产方式远远没有达到尽善尽美的程度，我们还必须进一步开发它的微调功能。

当然，相比管制经济、计划经济，我更喜欢基于私人企业的自我责任的自由经济。然而，在人们越来越关注私人企业的社会性的今天，我深感进一步掌握微调功能的重要性。

## 真正的"效益"是什么？

如今，"效益"已经成了一个日常用语。然而，要问在现实生活和企业活动中，效益到底意味着什么，回答起来并不简单。

尤其在企业活动中,是否追求真正的效益,直接关系到企业的生死存亡,因而不能等闲视之。

下面,我想通过讲述"减少工时"和"降低成本"的关系,来具体说明一下丰田生产方式中的效益是什么。

我们首先要弄清这两者之间的关系。降低成本是企业生存和发展的最重要手段之一。而实现降低成本的一个手段就是减少工时。下面,我给各位讲解一下实现减少工时的方法。

丰田式的减少工时是关系生产现场的、涉及全公司的活动。我再强调一下,其目的就是降低成本。因此,各种想法、改进措施归根结底都必须为降低成本服务。

反过来说,一切的判断标准都是能否降低成本。在这种情况下,我们虽然笼统地说降低成本,但在判断上存在两种方式。其一就是"A和B哪种更有利"之类的"判断问题",其二就是在A、B、C等多个方案中"哪个在经济上最有利"这样的"选择问题"。对于这两种方式,我们要明确地加以区分。

首先,我们思考一下"判断问题"。比如,某个零部件是要维持现状在企业内继续生产,还是要外包?或生产某个产品是不是需要添置专用设备,还是照旧使用通用设备进行生产?我们经常会遇到这样的二选一的问题。

此时,我们要想做出正确的判断,就不能自命不凡,而是要清醒地重新审视自己。我们不能基于那些站不住脚的根据进行简单的经济核算之后,就轻易地做出"相比自己生产,外包成本更低"的结论。

关于选择问题,就拿减员来说,可以考虑的办法就很多。

我们既可以通过引进自动化机器来减少人员,也可以通过改变作业方式来减少人员,甚至可以采用引进机器人的方式。

在研究和改进的过程中,由于达到一个目的的方法很多,所以我们需要先将能够想到的各种方案列举出来,然后逐个进行综合研究,最后选取最佳方案。

未经充分研究就贸然进行改进的做法往往会造成更多的资金支出。这样的方案往往都不会发挥太好的降低成本效果。

假如有这样一个方案,为了减少1个人,需要安装价值10万日元的电控装置。

如果实施了这一方案,花10万日元就可以减少1个人，那么，对丰田汽车来说非常划算。

但是如果经过深思熟虑发现无须花钱，只通过调整作业顺序就能裁减1个人，那么需要花10万元的改善方案就变成了一个失败方案。

像这样的例子，过去在丰田汽车也出现过许多次。尤其是在引进自动化设备时，人们更容易犯这样的错误。

然而，这并不是只有大企业才会遇到的问题，无论中型企业还是小型企业都会遇到。

在丰田汽车内部，总公司工厂的历史最为悠久。我们在这里从各个角度对原有机器的作业顺序进行了反复思考，通过改变机器的布局，建成了畅通的流水线。如今，这里的流水线成为其他工厂效仿的样板。

一个小型企业的经营者来到丰田汽车总公司工厂参观的时候说道："丰田汽车是家大企业，和我们完全不一样，没有什么参考价值。"然而，当他仔细观察后发现早已被自家工厂淘汰的一款机床还在这里正常运转，而且每一台机器上都使用了某种小窍门时，他的惊讶与敬佩溢于言表。

对生产现场来说，最为关键的是要针对作业顺序尝试进行各种改变，进而设计出一种便于人们作业的流水线化的车间布局。

如果不做这样的尝试，只想通过采用最新式的高性能机器来解决问题，那只会造成产出过剩的浪费。

## 重新审视浪费的危害性

丰田生产方式是一种彻底的消除浪费的方式，是一种通过消除浪费来提高生产率的方式。

所谓生产现场中的浪费，指生产上只造成成本增加的各种情形。

例如，过多的人员、过量的库存、过剩的设备都是如此。无论是人员，还是设备、材料和产品，一旦超过必要的数量，就只能带来成本的增加。加之，这种浪费还可能会衍生出次生浪费。

比如在人员过剩的时候，人们常常会刻意给他们找点活干，这样就会造成额外的动力、材料方面的费用支出。这就是次生浪费。

不过，最大的浪费是库存过剩造成的。假设我们现在的库存过剩了，工厂如果容纳不了这些库存，就需要盖新的仓库。接着，就必须雇用搬运工，把产品运到新的仓库里去。

此外，我们还需要给每个人购置一台叉车。在仓库中也需要安排一些人手从事防锈、库存管理的工作。同时，因为库存产品容易生锈，发生损坏，在从仓库取出使用之前，还需要有人进行检修。

**产出过剩的浪费引起新的浪费**

产品一旦存入仓库，我们就要实时掌握各种产品的数量。为此，库存管理部门就需要花费相当数量的工时。而且，在库存超过一定的限度后，就会有人想着要引进计算机来管理库存。

我们一旦没能准确地掌握这些库存的情况，就会遇到缺货的问题。尽管我们每天都开足马力地拼命生产，但如果还会出现缺货，可能就会将问题归结为生产能力不足，于是，就有可能在下个财年的设备投资方案中增加投资预算。一旦新设备开始工作，库存又会进一步增加。

旧的浪费会引起新的浪费。这种恶性循环隐藏在生产现场的角角落落。如果生产现场的管理、监督人员，不能对于"什么是浪费""浪费是怎么产生的"等问题有正确的认识，浪费的恶性循环会立即显现。可以说，这种危险是时时刻刻存在的。

我在这里所列举的人员、叉车、运输用的筐、建筑物、计算机、设备等都是浪费，都是由过剩的库存引发的次生浪费。

以上的例子是在假设最坏的情况下发生的。我认为，在丰田汽车的生产现场不会发生如此严重的浪费，但是类似的现象也是很容易发生的，只是程度不同而已。

以上所说的一次浪费、次生浪费等都会被列入直接工时费、间接工时费、折旧费、一般管理费，从而造成成本的增加。

如此想来，我们绝对不能忽视由浪费造成的成本增加。如果我们忽视了这个问题，浪费就有可能将仅占销售额百分之几的利润全部吞噬掉，甚至让整个企业的经营陷入危险的境地。丰田生产方式之所以把降低成本作为根本目的，就是因为我们拥有上述的成本认识。

所谓消除浪费，具体而言就是通过削减人员和库存，把握设备的潜力，消除次生浪费来达到降低成本的目的。在此，我必须再一次强调，如果不能树立彻底消除浪费的思想，即使引入丰田生产方式也是没有任何意义的。

## 挖掘"潜力"

我曾经说过，为达到一个目的可以采取的手段、方法是多种多样的。在这里，我想围绕采取怎样的手段、方法在经济上是最有利的问题，从生产能力的角度，论述一下丰田生产方式。

首先，根据生产能力潜力的有无，我们所做出的对经济上有利性的判断结果是不同的。具体地说，在生产能力有潜力的时候，由于使用的是闲置的人员和设备，因此不会产生新的费用，也就是说使用是免费的。

现在，让我们一起从生产潜力的角度来分析自己生产与外包的问题。在判断某个零部件应该自己生产还是外包的时候，人们大多会从成本上进行比较。假设公司内部有生产潜力，那么自己生产这个零部件时，实际上新增加的费用就仅仅是材料费、燃料费等伴随生产规模的扩大而增加的可变费用。因此，无须针对成本进行比较就可以得出在公司内部自己生产比较有利的结论。

接下来，我们看一看窝工的问题。如果一个搬运作业人员在生产线旁边只是在等待零部件箱被装满，那么此时让他去从事生产线上的作业或准备工作，不会造成成本增加。这也是个无须探讨得失的问题。因此，那种认为此时增加了工时的观点是错误的。

接下来，我们再看看缩小批量的问题。如果冲压机之类的通用设备有潜力，暂且不谈缩短变换模具的时间问题，尽量缩小批量更为有利。如果这样做了还有潜力，可以让作业人员做更换模具的练习，这样总比闲置好。

从上述的例子可以看出，当生产能力有潜力时，我们无须计算成本就可以明确知道其利弊。我们平时注意把握生产能力是否有潜力是关键所在。如果没有弄清是否有生产潜力，我们最终很可能会做出错误的选择而导致成本的增加。

我们采用丰田生产方式的时候，一直会努力挖掘一切潜力。只要有潜力，即便会产生一些新的费用，也不会有什么问题。

## "认识"的真正含义

在这里，我想从减少工时的方法这一角度来论述一下"认识"生产现场作业内容的重要性。

如果按照目前的操作方法，生产线开动率比较高，次品率也被控制在合理范围内，我们就能得出整体上良好的结论，那么我们就不会再进步了。这种看法扼杀了继续进步的可能性。

事实上，不管是在什么车间，只要细心观察，我们总是能够发现浪费现象的存在和可改进的地方。所谓"认识"现场作业，并不是漫无目的地在加工作业现场走走、看看，获得一些信息，而是需要抓住全貌，并掌握各个环

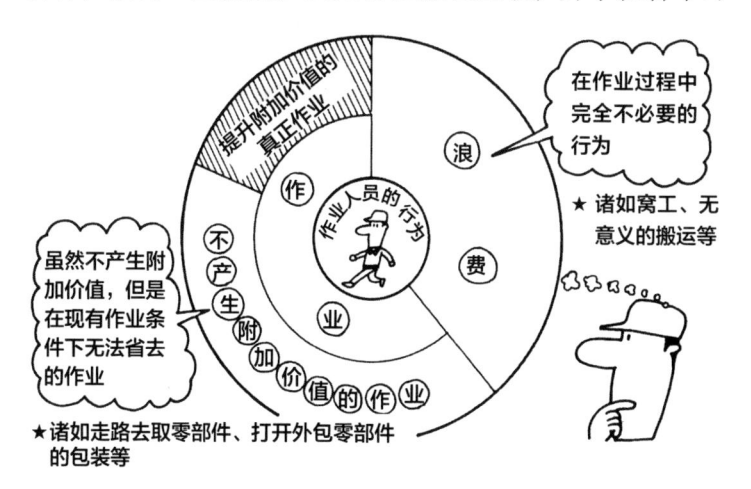

在作业过程中完全不必要的行为
★诸如窝工、无意义的搬运等

虽然不产生附加价值，但是在现有作业条件下无法省去的作业
★诸如走路去取零部件、打开外包零部件的包装等

节的联系和作用。

我喜欢"认识"这个词，它的含义非常严格，我认为它具有积极地接近、捕捉事物本质的意思。

通过仔细地观察现场作业，我们能把作业人员的行为分为浪费和作业两部分。

（1）浪费。我会反复强调，浪费指操作上完全不必要的行为，因此，人们必须马上停止这样的行为。例如，窝工、整理半成品、二次搬运、调换等。

（2）作业。作业也可分为两种。第一种是"不产生附加价值的真正作业"，第二种是"提升附加价值的真正作业"。

第一种"不产生附加价值的作业"，本来可以看作浪费，但在目前的作业条件下，诸如走路去取零部件、打开外包零部件的包装、按电钮等操作都是无法省略的。要想省去这些操作，就必须对作业现场的条件实施部分改造。所谓"提升附加价值的真正作业"，就是通过改变形状、改变性能和装配等形式进行的"加工"。所谓"加工"，就是赋予物品价值。也就是说，为了生产零部件、产品，就要对原材料或半成品等进行加工，使其产生附加价值。附加价值所占的比例越高，工作效率也就越高。

例如，装配零部件、锻造原材料、冲压铁板、焊接、齿轮热处理和车体涂装等都是"提升附加价值的真正作业"。

另外，生产现场也有标准作业以外的其他行为，比如设备、工具的简单维修，次品的返工等。如此，想必各位就能理解为什么提升附加价值的真正作业所占比例会比我们想象的要低。

我经常强调，生产现场作业人员必须把自己的"行为"变成"劳动"。也就是说，行为并不等同于劳动。我们必须有这样的认识，那就是所谓"劳动"，就是伴随工序的推进，真正做好自己的工作。

我们可以通过降低工时来提高真正作业所占的比率。最理想的状态是使真正作业的比率接近100%。这恰恰就是我

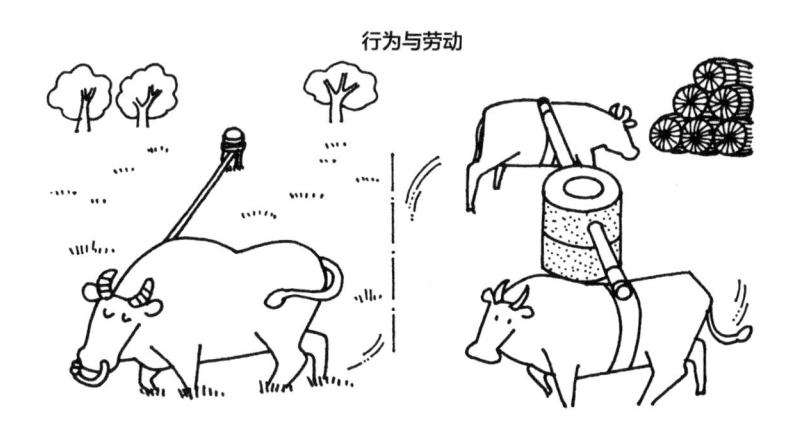

**行为与劳动**

在创建丰田生产方式的过程中，竭尽全力所要实现的目标。

## 用"整体作业系统"武装自己

为了提高真正作业的比例，就要注意彻底去除真正作业以外的"行为"，要做到这一点，就要考虑作业细分的问题。

几个人组成一组工作的时候，每个人都会遇到"窝工""毫无意义的等待"等情况。其实，我们通过消除浪费、对作业进行细分来减少用人数量并不是什么难事。

不过，这样的浪费往往具有隐蔽性，从表面上看不出来，因此有些令人感到棘手。那么，让我们一起看一看下面的例子吧。

在所有生产现场最为常见的一个现象就是"工作做过头"。在理应等待的时间里，人们把下一步工作也做了。这样的做法就掩盖了等待本身的现象。

如果人们持续这样做，那么可能出现什么情况呢？

那就是在生产线的后方、生产线之间会出现库存。我们如果把搬动和重新整理这些库存的"行为"看成"工作"，那就无法区分浪费和作业了。

在丰田生产方式中,这种现象被称为"产出过剩所造成的浪费",它是商业的大敌。我曾经无数次强调过这一点,在此,我想再补充一点,那就是"产出过剩所造成的浪费"还掩盖了其他形式的浪费。从这种意义上来看,"产出过剩所造成的浪费"堪称最根本的浪费。

在推行缩短工时的活动中,我认为最为关键的就是设法消灭这种"产出过剩所造成的浪费"。

要想实现丰田生产方式的学以致用,仅仅停留在笼统地了解什么叫浪费的层面上是万万不行的。

如果没有下定决心细心地捕捉浪费、消除浪费,就不会有取得成功的希望。

"整体作业系统"具有有效地消除"产出过剩所造成的浪费"的作用。在自动化机器上,假设这一道工序的"标准存量"按规定是5件,如果目前只有3件存量,那么,前一道工序就要自动地开始加工,一直加工到5件。存量一旦达到规定的5件,前一道工序就会停止生产,将产出控制在需求量以内。

再拿后一道工序来说,这一道工序的标准存量是4件,如果用掉1件,前一道工序就会开始加工,完成后送到这一道工序来。这一道工序的存量一旦达到规定的数量,前一道工序就会停止加工。

像这样的,各道工序保持"标准存量",各道工序通过联动进行运转的体系,即防止"产出过剩所造成的浪费"的体系被称为"整体作业系统"。

## 不虚张声势

我们在需要的时间,一件一件地生产所需要的物品,就可以避免"产出过剩所造成的浪费"。但是,此时我们必须知道"需要的时间"具体是什么时候。于是,"单位时间"就变得重要了。

所谓"单位时间",指生产一件产品所需的精确到分秒的时间。这必须根据产品的"需求量"进行反向推算。

"单位时间"即用"一天的需求量(个数)"去除"一天的加工时间"。这里的"加工时间",就是在一天里机器的运转时间。

在丰田生产方式中,我们会严格地区分"开动率"和"可动率"。所谓"开动率",就是目前的实际开动水平在机器全部开动的生产能力中所占的比率,而"可动率"是想开动就随时能开动的能力。最为理想的"可动率"是保持在100%。为此，我们就要时时刻刻做好机器的保养工作，而且，它必须处于能够缩短变换时间的状态。

下面我列举实例来解释一下"开动率"和"可动率"的区别所在。拿我们自己的汽车来说，"可动率"达到100%的状态就是我们想在什么时候开车，都能顺利开走汽车。

"开动率"则是一天内有几个小时开动了汽车，即开动时间占一天总时长的比率。任何人都是在需要的时候才会开车，所以，100%的"开动率"是不现实的。而且，如果从早到晚无目的地开着汽车闲逛，会造成汽油、发动机油等油料的浪费，发生故障的概率也会提高。这种做法很不划算。

我们在讨论"单位时间"的时候，必须严密地确认"需求量"从何而来。

在此之前，我们还会涉及另一个问题，那就是"产量"和"人数"的关系问题。这个问题对于弄清需求量是有帮助的。

我们一定牢牢地记住一点，那就是用效率来表示"用几个人生产多少个产品"这种关系时，"提高效率未必就等于降低成本"。

比如，在某生产线上，10个人一天共生产100件产品。

人们通过对这条生产线的改进实现了效率的提高，同样的 10 个人一天能够生产 120 件产品，也就是说效率提高了 20%。

由于这项改进正处在增产期，所以，人们制订了一天 120 件的生产计划，不需要再增加两个人就能完成任务。很明显，这样做可降低成本，并取得收益。

在那以后，如果市场的需求即需求量下降到每天 100 件或 90 件，那么情况会是怎样的呢？在这种情况下，如果按照原来的高效率，继续每天生产 120 件，产品每天出现 20~30 件的剩余。这样一来，不仅会造成在预支材料和劳务费方面的浪费，还必须负担库存费用支出。库存费用支出是个无底洞。

那么在这种情况下，我们怎样才能通过提高效率来降

低成本呢？

做法就是用 8 个人来生产 100 件，用 7 个人来生产 90 件。要想实现这一点，工艺流程的改进是必不可少的。

在丰田生产方式中，我们将在需求量不变甚至减少的情况下，仍然使用增加产量来提高效率的做法称为"表观效率的提升"，即"账面效率的提升"。

## 需求决定一切

在产品只要生产出来就能销售出去的经济高速增长时期，我们往往会忘记"需求量"这个概念。这是因为人们为了满足越来越多的需求，而容易陷入一味增加高性能的大型设备的思维。然而，在严格把控"需求量"、构建增产体制的同时，企业也必须具备能够应对向减产体制过渡的体系。我坚信，丰田生产方式始终立足于需求量这一基础之上。

接下来，我想论述一下有关需求量的问题。提高效率的方法有两种，第一种是扩大产量，第二种是削减作业人员的数量。

要问在现有的生产线上采用什么方法更有助于提高效

率，大多数人会选择第一种方法。因为如果选择第二种方法，就需要对全体人员重新进行整合，所以实施难度非常高。

但是，当企业遭遇需求量下降的情况时，不采用削减作业人员的方法就不现实了。

我已经强调过多次，因为目的始终是降低成本，所以提高效率的时候也必须采取符合这一目的的方法。为了消除产出过剩所造成的浪费，降低成本，无论如何都要做到"产量等于需求量"。

需求量就是销路，完全取决于市场的走势。因此，对生产现场来说，需求量是市场给出的数量，不能随意进行增减。这一点是显而易见的。

丰田汽车下属各家工厂都是按照"需求量"安排生产的。

位于名古屋的丰田汽车销售公司（以下简称"丰田销售"），每天都会接到日本全国的经销店的订单。

丰田销售的员工会利用计算机按照车型、车身款式、发动机排量、级别、变速方式、颜色等对订单进行分类，然后发送给丰田汽车。对于丰田汽车的各生产现场来说，这就是基本的需求量。

生产现场始终需要根据这个需求量来构建生产体系。但是，当需要采用缩短工时的方法来提高效率时，要么是减少根据需求量计算出来的"单位时间"内的浪费，尽量多生产；要么将一部分手工劳动切换为自动化生产，让多出来的人员去从事其他工作，用更少的人员进行生产。

此时，机器设备、治具、工具和运输工具等都已支付了费用，因而没有降低成本的余地，也就是说，按照基于需求量算出的单位时间利用它们即可。机器的开动率也是由需求量决定的。

## "龟兔赛跑"

思考产出过剩所造成的浪费问题时，我常常会想起龟兔赛跑的故事。

我想要表达的是，在生产现场，以"需求量"作为大前提，相比白天睡大觉的敏捷的兔子，锲而不舍地不断前行的乌龟，在时间上浪费得更少，乌龟的做法更值得提倡。

在企业中，只有所有人都成为这样的"乌龟"，丰田生产方式才能真正地建立起来。

人们长期处于追求高性能机器的环境之中，但对于高性能这个词的含义并没有进行过深入的探究，而只是含糊不清地使用这个词。

所谓高性能机器，就是要么加工精度高，要么耗能低，要么故障少。

这些看法都是正确的。不过，我意外地发现，有些人竟将"生产效率高的设备"等同于"高速运转的设备"。

我认为只有在具备以下前提条件时，"高速运转的设备"才等同于"生产效率高的设备"：在提高速度的情况下，设备的"可动率"并没有降低，设备寿命也不缩短，所需工时也不改变，生产的产品全部可以卖掉。

但是，所谓提高速度，当然需要具备一定的可持续性。尽管如此，还是有人宣称有了瞬间的速度即可提高效率。

事实上，这种缺乏可持续性的速度是没有任何意义的，"龟兔赛跑"的故事就是一个明证。

此外，我们还必须注意，如果我们的生产体系不适应高速运转的设计，提高速度可能会造成相应的寿命缩短。

明知没有任何意义却声称为了提高生产率而提高速度，明知没有可持续性却以生产率会下降为由而拒绝降低速度。从表面上看，这样的做法有助于生产；然而，实际上，这样的做法恰恰会妨碍生产。关于这一点，不仅是生产现场的管理、监督人员，世上的所有经营人员都要有深刻的认识。

## 发挥老设备的价值

设备的价值真的会逐年下降吗？要是人的话，年岁越大越成熟，反而会更有价值。设备与人不同，不具备个性，一般而言，老旧设备常常会被淘汰掉。

然而，我提倡对待年头久的设备，要如同对待人一样，悉心加以使用。

在企业财务中，有诸如折旧费、残值和账面价值之类的词语。说到底，这些词语都是为了会计和税务上的方便而人为规定的。令人遗憾的是，不少人没有注意到它们和设备的使用价值没有任何关系。

比如，我们经常听到有人说，"这台设备已经完成折旧，成本已经收回，什么时候淘汰掉都不会赔钱"，"这台设备的账面价格已经归零，在这种设备上花费改造费用不划算，还不如换一台更先进的"。

这样的观点实在浅薄，并且是极端错误的。

即使是昭和时代①初期购入的老旧设备，如果保养得好，仍能保证近于百分之百的可动率，担负重要的生产任务，设备价值没有丝毫下降。相反，那些一年前刚刚购入的新型设备，如果未经妥善的保养，可动率就会下降到50%，我们必须承认它的价值已经折损一半了。

设备的价值，并不取决于使用的年限和型号的新旧程度，而是取决于所能保持的工作能力。

针对老旧设备的更新问题，从经济性的角度来看，有诸如成本比较法、投资利润率法等各种各样的分析方法。不过，这些方法真的适用于生产现场吗？

当然，从逻辑的角度来看，这些方法似乎是缜密的。

---

① 日本的昭和时代为1926年12月25日至1989年1月7日。——译者注

但是，我们必须注意，它们只是在若干前提下才成立。

这些方法要么肯定传统的保养方法，认为这是独一无二的，要么将不在若干前提条件下就无法单独计算的损失额强行定为绝对损失额，这对于解决实际问题几乎无法提供什么参考。

尽管如此，如果仅利用这些方法，就对那些因为未进行妥善的保养而濒于报废状态的设备，做出"更新设备较为适宜"的结论，那就太荒唐无稽了。

那么，针对老旧设备更新的判断标准是什么呢？从结论来说，那就是我们应该认识到，对老旧设备进行充分保养时虽然需要支出一些保养费，但会比买新的更便宜。

如果得出的结论是更换更为有利，那只能是人们在计算过程中兑了水，或者是保养方法上有错误。

如果人们没有通过经济比较价值而得出论据，接下来就会为更新设备而巧立名目，比如"从技术的角度难以恢复设计所要求的精度""虽想大修却没有代用的机器"等。

这些理由都不是更新设备的合理论据。它们所要传递的是这样的信息：因为能力不够，所以想要引进过剩的设备。关于这一点的是非曲直，与老旧设备的更新完全没有关系，应当根据其他情况加以判断。

无论是新机器的大修还是老旧设备的更新，如果是针对未经充分保养而陷于报废状态的设备，用模糊的判断方式继续实施更换，所付出的费用将是庞大的。假使将这笔开支当作"保养费"来计算，若不能伴随保养费的增加而提高实际效果，那也没有意义。

## 正视现实

我们在经营管理企业的时候，必须正视现实。当然，规划未来的愿景也极其重要，不过，这种愿景必须具有可行性。

在当今时代，现实社会无时无刻不在发生变化。企业一旦对这种变化做出错误的预判，就有可能陷入万劫不复的境地。所有企业都置身于令人恐惧的环境之中。

人们经常说，必须改变企业的素质。随着经济从高速增长向低速增长过渡，有人开始大声疾呼：还清债务，充实企业资本。其实，企业在经济高速增长时期就应该时时关注这个问题。

在经济高速增长时期，想要塑造这种企业素质应该比较容易。有人看到其他企业都在增产，就变得焦虑起来，自己也要通过扩充设备来增加销售额。如果不管真正的效率如何、利润率是否提升，仅仅满足于通过增加机器和人员而提高销售额，那么这样的做法算不上是经营。

在经济高速发展时期，如果真有实现经营合理化的决心，就应该在其他公司提高 10% 销售额的时候，做到在不增加机器、人工的条件下实现销售额 5% 的增长，并提升利润，还能用自有资金来增加设备，偿还债务。对经营来说，只有做到这一点，才能算处于理想的经营环境。

如今，我们已经步入经济低速增长时期。由于市场需求不再增加，竞争愈演愈烈，企业都处于你死我活的竞争状态之中。在这种环境中，强化企业的体质是生存的必由之路。

为了使丰田生产方式真正发挥作用，作为汽车底盘厂家的丰田汽车的一己之力是非常有限的，只有同其他协作企业一起构建一种"命运共同体"，才能促成这种生产体系的形成。所以，就改善经营素质而言，道理也是一样的。丰田汽车只加强自己的素质，而其他协作企业不改善，那也不能达到这样的目的。因此，协作企业也需要实施各种改善经营素质的措施。

十多年前，我曾到某家公司的热处理厂参观。当时我们丰田汽车的月产量是 7 万辆。然而，这家工厂的负责人说："我厂已经准备好了充足的人员和设备，丰田汽车即使每月生产 10 万辆，我们也能保证供应。"

我问："这样说来，你们现在一个月要停工 10 天吗？"他回答："不，我们可不干那样的傻事。"

我到热处理前一道工序的机械加工车间一看，女工们正聚精会神地工作。那里的炉子都在满负荷地运转，因为人们认为让炉子停下来是一种浪费。

从账面来看，人们确实做到了以低廉成本生产零部件。在热处理厂，人们非常关心每件零部件的平均燃料费，所以让炉子满负荷运转。由于具有每月生产 10 万辆车所需零部件的能力，因此每个月都有用于 3 万辆汽车的多余零部件出炉。但由于丰田汽车只接受所需要的数量，准确地说只领取所需要的数量，对方只能通过新建仓库来应对。

直到爆发石油危机，人们才普遍开始认识到产出过剩是一种浪费，也认可了丰田生产方式的真正价值。我真希望各位能亲眼见证一下我们的协作企业是如何拆除工厂用地内的一座座仓库的。

## 0.1个人也是1个人

每个企业日思夜想的都是如何用尽量少的人力来生产尽量多的产品。

丰田汽车使用"省人化"这种说法来代替"省力化"。"省力化"一词容易被生产厂家用错。比如，起重机或者推土机等主要用于土建领域的机械都能够直接带来省力效果。不过，在汽车厂家，省力化是部分自动化或者局部自动化的问题。在一些汽车厂家，我们可以发现，在一些工序中，人们只在最后一个环节上装配省力的自动装置，其余的仍然依靠手工操作。这种省力化是绝对不行的。如果完全贯彻了自働化，当然没有问题。但那些只是图自己轻

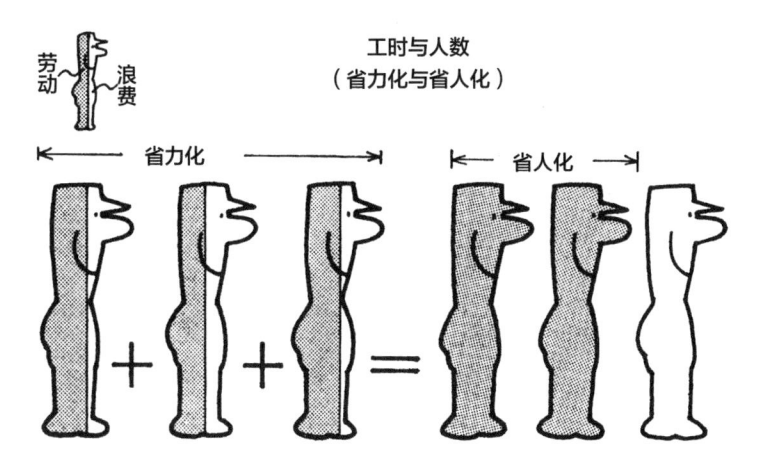

工时与人数
（省力化与省人化）

松的做法，反而会造成成本的增加。

怎样用尽量少的人力生产尽量多的产品呢？从工时的角度进行思考是不正确的，因为即使减少0.9个人的工时，也不能实现真正的"省人化"。我们必须先考虑改进作业，再考虑改进设备。我们仅仅通过改进作业就能节省一半或三分之一的工时，然后再改进设备使其实现自働化。在此我想再次强调，不要将改进作业与改进设备混为一谈。如果我们先从改进设备下手，那就只能引起成本的提高而不是降低。

丰田汽车也使用"少人化"这个词。大家对这个词可能有些不习惯。我们将"省人化"[①]中"省"字下面的"目"去掉后得到了这个词。

丰田汽车内部的某个报纸刊登过我有关"省人化"的谈话，当时我仔细一看，发现"省人化"被写成了"少人化"。虽然这是一个具有偶然性的小错误，我却从中受到了启发。相比省人化，少人化更能反映出事物的本质。在丰田汽车，我们也已经决定要在少人化的理念下推进经营工作。如果进展顺利，那就真是锦上添花了。

---

① 在日语中"省人化"和"少人化"的发音同为"shoujinka"。——译者注

省人化就意味着要节省人手，听起来不是太好。将过去10个人干的活，让8个人来完成，省下2个人就是一种省人化。而少人化的本质则是，让5个人甚至3个人来完成工作，这是一种不确定定员的做法。省人化指经营者先招募大量的人员，而后由于不需要那么多的人，要省去一部分人。少人化则是想一开始就用少量的人力去完成工作。1950年丰田汽车实施裁员时引发了劳资纠纷。劳资纠纷刚一结束，朝鲜战争就爆发了。朝鲜战争带来了美军的特需订货。彼时，我们用最小限度的人员实现了大规模增产。从此，我们充分利用这样的宝贵经验，以比其他企业少20%~30%的人力，就可以确保相同的产量。那么，到底是什么成就了"丰田人"呢？一句话，那就是贯彻丰田生产方式的"丰田人"的创造力、努力、执行力。这绝非自吹自擂。

在丰田生产方式中，我们常常谈道，"不要人为制造孤岛"。如果员工们分散地站在机器群中，因为人数很少，所以彼此会离得很远。如果仅仅让一个人单独工作，就不会产生人与人之间的协作。将五六项一个人单独能够完成的工作集中起来让几个人去做，就能够让他们发扬协作精神。只有在人与人之间构建相互协作的环境，才能够真正实现"少人化"。

**不要人为制造孤岛**

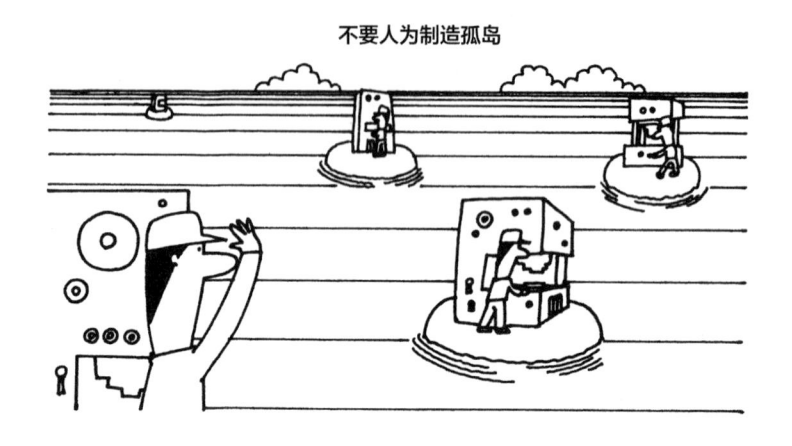

## 忍术式的经营

有人认为，大批量生产能够真正降低每件产品的平均成本。我认为，这种想法是可以理解的，但并不正确。因为它是被计算方法迷惑了。

在填写企业的资产负债表时，如果认为在制品也拥有附加价值而将库存视为财产，这就存在认识上的错误。

这种大量的库存，不仅谈不上有什么附加价值，而且常常是一种不必要的库存。增产或许可以看成经营景气，但是如果企业不断购入原材料，让员工们拼命地加班工作，即便是不必要的库存，从员工的角度来说，当然也还需要大量加班费和奖金。

伴随销售额、总资本、人力和设备不断增加，整个企业都沉浸在追求规模的氛围中，此时企业经营者必须把握具有关键意义的企业利润。在现实世界中，"一叶障目，不见森林"的企业经营现象随处可见。

在我看来，有些人的计算过于简单。我们是从1966年底开始生产"卡罗拉"的。当时，"卡罗拉"广受好评，相当畅销。起初，我们计划每个月生产5000辆左右，于是指示负责发动机生产的课长："你要用不到100人生产出5000辆。" 3个月后，他向我汇报说："现在我们已经能用80人生产5000辆了。"后来，鉴于"卡罗拉"有继续畅销的趋势，我便问他："生产1万辆需要多少人？"他立即回答道："需要160人。"听了他的回答，我愤怒地咆哮起来："二乘以八等于十六，这种简单的计算我上小学的时候就学了，我活到这把年纪还要你来教我这个吗？你也太瞧不起人啦！"

现在，我们每100人能生产超过1万辆汽车。也许有人说，能够做到这一点是因为大量生产。其实，最主要的原因是我们通过采用丰田生产方式，彻彻底底地解决了浪费、质量不稳定、作业不规范的问题。

我经常强调:"不要搞算术式经营,而是要搞忍术式经营。"其意义就在于此。

外国人不用日本的"忍术"这个词,而是常常使用"魔术"这个词,现在甚至还出现了"经营的魔术""经营的魔术师"之类的表达。不过,我认为对于日本的经营管理而言,"忍术"这个词更加恰当。

我们小时候在电影中看到的忍术是一种特技效果,电影中的主人公会在一瞬间消失得无影无踪。但是忍术本来就是一种相当高超的技能,翻越高墙时,人们可以将刀剑作为脚踏,刀鞘上的绪带很长,人们跳到墙上后又能够借此收回刀剑。虽然以背跃姿势跳上高墙纯属无稽之谈,但几乎所有的"术"都是通过严格的训练获得的。

我所说的"忍术式经营",就是通过训练来掌握经营之术。我是想提醒人们,在如今的时代,千万不要忘记了"训练"的意义。

当然,如果不是一种能够激发创造性的技能,也就毫无训练的意义了。在此,让我们冷静地观察一下现实社会吧。可以说,无论多么小的目标,如果不花费努力、经过刻苦的训练,都是无法达成的。

我认为,如果说美国人在经营管理中采用的是魔术,那么我们便可将丰田生产方式称为日本原创的"忍术式经营"。

## 行动才有意义

众所周知，在英语词典中，"engineer"有"技术员"的释义。"技术员"中的术字，繁体字写作"術"，是在行动的"行"正中间加入一个简体的"术"字。我们可以做这样的理解：要想掌握"术"，就必须要采取"行动"。

我们要想熟练使用算盘，就必须认真训练。任何人都能简单地理解算盘的计算原理，也都能拨弄算盘，但要想做到又快又准地使用算盘计算，平日的练习必不可少。

使用"竹剑"的搏击最初被称为"击剑"，后又改称"剑术"。进入明治时期[1]以后，人们再不用刀剑格斗，于是"剑术"又改称"剑道"，最近"剑道"又变成了"剑技"。

在以力量取胜的时代，这种搏击就是击剑，术出现以后，力量小的人也有了取胜的可能，这种搏击就成为剑术。

---

[1] 日本明治时期指 1868—1912 年。——译者注

在如今这个不必动用刀剑的时代，它则被称为剑道。剑术时代是技艺进步最快的时代，这是因为术是要求有行动的。

技术也是需要有行动的，只有行动才能掌握技术。"述"与"术"同音，在我看来，"技术员"比较少，而"技述员"比较多。

如今，我仍以技术员自居，我虽然不善于在众人面前讲话，但也不会害羞。相反，对于技术，我如果能够夸夸其谈，反而会感到不快。

虽然算术已经依靠电脑，剑术也经过剑道变为剑技，但我仍然想要强调"技"的重要性。

## 构建赚钱的工业工程

二战以后，日本的方方面面都受到来自美国的重大影响，不仅在文化方面，在政治、经济方面美国的色彩也越来越浓厚。

在全球工业领域，美国仍然占据主导地位，"赶超美国"绝非一朝一夕就能做到。购买美国的先进技术是赶上美国的捷径，所以人们都争先恐后地从美国引进了各种技术。

美国的高水平生产技术相继被引入日本。竞争意识强的日本企业纷纷采用了这样的技术。日本的学术界、企业界人士也都在学习、谈论美国的经营管理方法。

例如，日本企业就一直在热心地研究"IE"（Industrial Engineering，工业工程）这种"直接涉及经营管理的全公司性生产技术"。这是由美国人开发、推广的一种管理方法。

然而，工业工程定义很复杂。引进这个概念时，有人指出丰田生产方式不是工业工程而是"ME"（Method Engineering，方法管理学）。我觉得纠结于定义是不明智的。我认为工业工程就是"直接涉及经营管理的全公司性生产技术"。

工业工程不是局限于局部的生产技术，而是涉及整个企业组织，它是一个体系。其实，丰田生产方式就是丰田式工业工程。原来的工业工程和丰田式工业工程的区别何在呢？简单地说，丰田式工业工程就是"赚钱的工业工程"（Money Industrial Engineering，MIE）。我觉得工业工程如果不能发挥降低成本、增加利润的作用，那是毫无意义的。

工业工程的定义很多。美国钢铁工人联合会原来的一位干部曾指出："工业工程的职能是走进工厂，通过改进方法、程序来削减成本。"我认为他所做的定义是正确的。

"改进生产方法,要充分运用技术和系统,这包括从作业的简化到大规模资本投资计划。"(引自日本《工厂》杂志)

"工业工程有两重意义。一个是旨在改进工厂和车间的作业方法。另一个是针对动作和时间展开更专业化的研究,这是专家的工作。工业工程的工程师,从本质上来讲,要有组织地研究改进工作。"(源自美国麻省理工学院克拉克教授)

让我们再看一下 SAM(美国管理促进协会,前身为"泰勒协会")对工业工程的解释:

"所谓工业工程,是针对下列三个项目进行研究、改进、规划、实施而应用工程知识、技术。一是方法与系统。二是质量、数量的测定,以及组织上、操作上各种程序的各种标准。三是针对测定标准执行结果、采取合理行为的根据的管理。这一切都应当是为了做到更好的管理,尤其是考虑从业人员的福利,不应局限于通过改进产品、服务而降低成本。"

至此我列举了各种有关工业工程的定义,它们各有千秋,仅供各位参考。不过,作为一家民营企业,要想通过工业工程取得成效,这绝非易事。

我之所以把丰田汽车的工业工程命名为"赚钱的工业工程",是因为我从内心里希望在丰田汽车发芽、开花、结果的丰田生产方式能够赶上,甚至超越美国的工业工程。

令我感到幸运、愉悦的是,正如我所设想的那样,丰田生产方式作为"直接涉及经营管理的全公司性生产技术",不仅已经运用于丰田汽车内部,而且在外部的协作企业中也逐步得到人们的认可。

## 度过低速增长时期

如前所述,我很冷静地看待"低速增长"这个表达。

对于5%以上的经济增长率,我们不能说这是萧条,而应该说是繁荣。3%~5%的经济增长率,应该说是属于正常范围。我们必须做好这样的心理准备:经济零增长、负增长的状况会周期性地出现。

石油危机爆发以后,汽车产业遭遇了负增长,甚至一度陷入严重衰退。然而,由于受到出口需求旺盛的眷顾,尽管其他产业处于萧条之中,汽车产业却展现蓬勃气象。即便如此,实际状况并不容过分乐观。

日本国内市场的需求已经步入饱和状态,难以有更为显著的大发展。面对有限的国内需求，日本汽车厂家宛如进入了竞争激烈的战国时代。

出口终究也会陷入停滞。出于从政治上、感情上的考量，欧美各国已经出手限制对日本汽车的进口。伴随着日元升值，日本汽车的国际竞争力会不断下降，这是不争的事实。此外，美国汽车厂家也开始认真应对小型汽车的生产。这种情况也不利于未来日本汽车的出口。

近年，汽车产业发展得十分顺利了，但这种繁荣的背后隐藏着危机。假如国内需求一直维持不温不火的状态，出口又陷入停滞甚至缩水，恐怕事态就会变得严峻起来。

人们认为，纺织业和钢铁业是夕阳产业，不从根本上进行转型是不可能找到复兴之路的。没有人能够保证如今高歌猛进的汽车产业未来就不会沦为夕阳产业。

置身于如此严峻的经济低速增长的时代，企业经营者应该如何经营企业呢？关于这一问题，人们进行了广泛的讨论。对民营企业而言，只有拼命努力这一条路。

我们通过采用丰田生产方式，彻底消除了生产现场的浪费、质量不稳定、作业不规范的问题。丰田生产方式绝不是一种消极保守的经营方式。

如果想将传统的经营体制，比如有计划的大量生产方式，转变为丰田生产方式，就必须抱有积极的经营态度，否则将会半途而废，甚至还有引发重大混乱的风险。

丰田生产方式是一种"意识革命"，是从根本上改变人的思维，因此，我在听到热烈赞扬的同时，也听到了批评。

分析这些批评意见，我们会发现，人们之所以会批评丰田生产方式，是因为他们未能充分了解丰田生产方式的本质所在。

从我们的角度来讲，这是因为我们在让大家了解丰田生产方式的本质的方面所做的工作不够到位。

然而，丰田生产方式已经冲出了丰田汽车的范围，作为具有日本特色的生产体系正在更大范围内不断推广普及。这样的说法是否言过其实？

在1960年以前，我还没有勇气将自己倾注全部心血研究出来的技术称为"丰田方式"，只是将其称为"大野方式"，并悄悄地进行试错。从1960年到1970年前后，我通过在丰田汽车内部反复试错，最终有勇气将其正式命名为"丰田生产方式"。

1973年秋天，石油危机爆发之后，丰田集团之外的众多人士也开始关注、研究丰田生产方式。

# 第三章
## 丰田生产方式的渊源

TOYOTA

## 我一直置身于"具有共性的世界"

二战后不久,时任丰田汽车社长的丰田喜一郎先生豪情万丈地激励我们:"要赶上美国。"关于这一点,我在前文已经讲述过。

一次,丰田喜一郎对丰田英二(时任丰田汽车社长)说:"在汽车制造这种综合性产业中,对于汽车组装作业而言,能够做到将各种零部件准时地集中到生产线旁边是再好不过的。"

想必大家都已经了解,准时化就是将所需要的物品以所需要的数量在所需要的时间送到装配线上,这是丰田生产方式的基本思想。

彼时,丰田喜一郎先生所说的准时化一词启发了许多丰田人。

我就是被这种说法深深吸引的一个人，可以说这种被深深吸引的状态一直持续至今天。当时，准时化是一个崭新的词语，其内涵吸引了我。需要的零部件以需要的数量在需要的时间被同时送达生产线的各道工序，仅仅只是想象一下这样的情景，就足以令人感到愉悦、刺激。

准时化虽如同梦幻一般，但未必就没有实现的可能。看似能够做到，却不知如何做到；看似非常困难，却绝非完全做不到。这两种情形都会令人感到兴奋。

当时，我对于汽车行业是个纯粹的外行，但是我被超凡出众的丰田喜一郎先生的话深深打动，并从中受到了启发。

1932年春天，我从名古屋高等工业学校机械专业毕业后，进入了丰田纺织。这个公司是由丰田集团的创始人丰田佐吉老先生创立的。

当时的社会情况是这样的。在此前两年的1930年，纽约股市暴跌引发了席卷全球的经济恐慌。两年后，恐慌的余波在日本仍持续发酵，经济一蹶不振，失业者剧增。在这种充满危机的社会环境中，又发生了暗杀犬养毅首相的"五一五事件"①。

我之所以选择进入丰田纺织,就是想将自己所学的机械知识充分应用于工作。话虽如此,当时的日本人想要找份工作非常不容易。因为我父亲同丰田喜一郎先生是熟人,我才有机会进入了丰田纺织。

在汽车行业,能够邂逅丰田喜一郎先生,这是我根本没有想到的。战争期间的1942年,丰田纺织解散了,1943年我被调到了丰田汽车。在当时那种激烈的战局中,我成为正在着手生产日本国产车的丰田喜一郎先生的部下。

对我个人而言,在丰田纺织所学到的经验是非常宝贵的。不论是在汽车行业还是在纺织行业,在生产现场的人与机械的关系基本上是一样的。作为同属于以"生产产品"为基本业务的第二产业的民营企业,降低成本是企业经营的最大课题,这一点无论在东方还是在西方,无论是古代还是现代都是完全一样的。

日本的纺织业远比汽车业的历史悠久。早在二战之前,日本纺织业就经受了世界经济浪潮的冲击。正是在这种冲

---

① 五一五事件是1932年5月15日以日本海军少壮派军人为主进行的,闯入总理大臣官邸,刺杀护宪运动领导者、时任内阁总理大臣犬养毅的暴乱事件。——译者注

击之下，日本纺织业通过接连采取旨在增强国际竞争力、降低成本的措施实现了赶超英国的兰开夏棉业公司、约克郡棉业公司的伟业。日本纺织业在二战之前就已经放眼世界，致力于生产现场的合理化。

与日本纺织业相比，日本汽车产业的发展历史很短。从二战前到战争期间，在丰田喜一郎先生的带领下，广大汽车技术人员、经营人员虽然提出了实现国产车量产的目标，但遗憾的是原定计划并没有完全实现。丰田汽车虽然生产了相当数量的卡车，但与日思夜想的实现乘用车量产的目标还相去甚远。

二战后的 1950 年及以后，这个愿望有了实现的可能。日本政府于 1949 年 10 月解除了乘用车的生产限制，废除了汽车法定价格制度。1950 年 10 月，日本政府又宣布全面废除配给制，实施自由销售制。不幸的是，几乎与此同时，丰田喜一郎先生因承担劳资争议的责任而辞去了社长职务。

我在这里想要表达的是，在我先后供职的丰田纺织、丰田汽车，尽管在当时它们都是规模较小的公司，但公司内部却都洋溢着世界顶级公司的氛围。

1932 年，我开始进入丰田纺织工作。在这之前两年，丰田佐吉老先生仙逝了。然而，这家公司还保留着这位伟大发明家的遗风。因此，我在不知不觉之中领略到了什么才是世界顶级水平。这真是非常难得的事。后来我被调到汽车行业，在这里邂逅了具有超强预见力的丰田喜一郎先生。

身边总是有这样的世界级水平的人物，我不得不承认自己是非常幸运的。

## 两位杰出人物

我曾多次强调准时化和自働化是丰田生产方式的两大支柱。

自働化来自丰田佐吉老先生的思想与实践。丰田佐吉老先生发明的丰田式自働纺织机，不仅运转速度快，还能在有一根经纱断掉或者纬纱用完的时候自动停止。

由于丰田生产方式将彻底消除浪费、质量不稳定、作业不规范的现象奉为绝对原则，因此，当机器发生微小的异常、有可能会产出次品时，就必须立刻停机。

关于这个问题，现在我们已经有了"丰田式自働纺织机"这本具体的教科书。我们从丰田佐吉老先生的伟业中学到的思想就是,只有赋予机器人的智慧,机器才能真正变成为人们服务的工具。

更值得学习的是丰田佐吉老先生对待事物的认真态度。在原口晃撰写的一篇名为《拜访佐吉老先生》的文章中有这样一个片段:

> 那时的纺织业不像现在这样发达,只是发展到在各家各户由老奶奶们用手工织格子布的水平。我们村子里全是农户,每户都有手工织布机。或许是受到环境的影响,我渐渐对这种机器产生了兴趣。有时我会一整天伫立在那里观看附近的老奶奶织布。我渐渐地懂得了机器运转的原理。看着织成的棉布不断卷起,我越来越被其深深吸引,逐渐地产生了浓厚兴趣。

这段描写回顾了丰田佐吉老先生20岁那年(1887年)春天的往事。丰田佐吉老先生这种一整天伫立不动注视老奶奶织布,渐渐理解了织布机的工作原理,并且越看越感兴趣的事迹令我深为感动。

一直以来,我不厌其烦地强调丰田生产方式的思考原则,那就是遇到问题时应该反复追问5个"为什么"。其实，这也与丰田佐吉老先生的这种态度不谋而合。

当我们想要改进作业的时候，如果不熟悉生产现场，最终只会一事无成。我多次讲过，只有整天置身于生产现场，才能自然而然地知道自己应该采取什么措施。

在生产现场，我们只要睁大双眼细心观察，就能清楚地了解真正的浪费是什么。我们也时常会提醒自己这样做。这样做，我们除了可以发现什么是浪费，还能够发现将"行为"变为"劳动"的具体方法。

准时化这个词直接出自丰田喜一郎先生之口。然而，这个支撑丰田生产方式的支柱，由于没有像启发我们搞自働化的丰田式自働纺织机那样的具体对象，因此从某种意义上讲，践行准时化是个难题。

丰田佐吉老先生首次前往美国是1910年的事，正是汽车行业方兴未艾之时。当时，汽车越来越受欢迎，大家都争先恐后地加入造车的大军。丰田佐吉老先生亲眼看到了福特T型汽车，这款车于此前两年（1908年）开始发售，销量迅猛增加。

即使从现在来看，当时的情景也是非常刺激的，更何况目睹这种场景的是"发明大王"丰田佐吉老先生呢。他在美国停留了四个月，在此期间无疑已经弄清汽车为何物了。他的一个行为就可以证明这一点。据说他回国后,"未来将是汽车的时代"成了他的口头禅。

毫无疑问,丰田喜一郎先生是领会了丰田佐吉老先生的想法后才开始参与到汽车行业中来的。他对于汽车产业,尤其是对美国汽车厂家的看法是极为冷静的。他在认识到汽车产业拥有大好前途的同时,在内心里也深深洞察了汽车事业的艰巨性。如果要发展汽车事业,需要大量的汽车行业协作企业,还要构建企业的管理体系。

丰田喜一郎先生提出的准时化这个词令我深受启发。从那以后,我开始以准时化为出发点充分发挥自己的想象力。虽然我没有亲耳听到丰田喜一郎先生讲这个词,但可以确信的是,他早已想出了某种能超越已经实现快速发展的美国的汽车生产方式。

准时化确实是一种独特的思维,即便到了今天它都不易被人们理解。从这个角度来说,我们不得不钦佩丰田喜一郎先生的丰富想象力。

## 永不服输的精神

无论是丰田佐吉老先生还是丰田喜一郎先生,他们都有强烈的不服输的精神。

　　丰田佐吉老先生所拥有的是一种张扬的不服输精神，而丰田喜一郎先生则比较内敛。

　　1922年至1924年，丰田佐吉老先生在其谈话以及发表的文章中，曾以强烈的语气号召日本人用自己的智慧向世界发起挑战。以下是他发言内容的节选。

　　　　现在，西方的白人公开评论说，日本人对现代文明毫无贡献。中国人至少发明了指南针，而日本人有什么发明呢？日本人只是一个会模仿的民族而已。

　　　　……

　　　　因此，日本人必须下定决心与白人抗衡。我想要表达的既不是去与白人打架，也不是用武力与他们一争高下。我们必须证明自己具有卓越的智慧，自己来洗刷这种奇耻大辱。

　　　　……

　　　　与其在国际上与之抗衡，徒然激起仇恨之心，不如脚踏实地地前行，用人类神奇的能力来思考问题，一雪对于充满智慧的我们日本人的羞辱，充分施展我们自己的优秀特长吧。

日本人虽然也有高峰让吉，也有野口英世博士，但是，他们全是接受白人的指导和援助，而且是借助白人的设备才取得成功的。今后，让我们将完全不依靠白人，而只以日本人的绝对力量完成一项伟大发明吧。

……

从这些话中，我感受到了丰田佐吉老先生所迸发出的洋溢着智慧与勇气的激情。

在丰田喜一郎先生说的"要用三年时间赶上美国"的决心中，虽然没有他一贯讲话中的那种锋芒毕露的斗志，但他必定已经做好了迎接非凡挑战的准备。

从准时化设想的独特性可以看出，这里有一种与"只靠日本人的绝对力量"一脉相承的不服输精神。

在丰田集团的发展史上，丰田佐吉老先生和丰田喜一郎先生是两位杰出人物。

1935年11月，在于东京芝浦举行的丰田汽车东京样车发布会上，丰田喜一郎先生在致辞时引用了丰田佐吉老先生从未公开的谈话："我以织布机报效国家，你应当为国家制造汽车，这是我的遗愿。"这一时间引起人们的热议。

然而，就在日本的汽车事业蓄势待发之时，丰田喜一郎先生于1952年3月26日去世了，惋惜之情无以言表。

对我而言，准时化就是丰田喜一郎先生的遗愿。

## 将科学性与合理性相结合的丰田主义

丰田喜一郎先生缔造了丰田主义。他认为汽车事业必须满足以下条件：

- 最终目标是生产大众车；
- 必须建成乘用车产业；
- 必须制造价格合理的畅销车；
- 引领厂商计划的是销售能力；
- 建立原材料产业。

丰田喜一郎先生在其撰写的《丰田汽车之历程》（1936年9月底发表）一文中非常具体地阐述了"什么是丰田主义"。由于其中具有启发性的内容较多，现将重点部分摘录如下。

丰田汽车已在市场上崭露头角。丰田汽车能有今天的发展绝非某一个技术人员出于兴趣就能做到的。这是无数人在漫长的岁月里通过苦心钻研、汇集各方面知识,虽历经无数失败仍砥砺前行的结果。

日本人真的能制造出大众车来吗？三年前,在许多人看来这几乎是不可能的,尤其是汽车领域的业内人士。我们虽然没有任何制造汽车的经验,但是早在几年以前就已开始发动机的设计、研究工作。1933年我们的准备工作基本就绪,于是决定以东京大地震十周年的9月1日为期成立公司,正式开始制造汽车。

在背后,很多人说我们这件事做得非常草率,一些人甚至直接提醒我们要慎重行事,还有人告诉我们经营汽车产业如何如何困难。然而,早在几年前,我就已经反反复复地听过这样的话,正是因为如此,我才下定决心投身这个行业。我确信依靠丰田自働纺织机械制造厂的现有力量能够生产出汽车。可是,生产汽车与纺织机械不同,会遇到许多困难,实现汽车量产更绝非易事。所以,我们只好说是出于兴趣在进行这样的尝试,而且一干就是三年。在此期间,万万没有想到日本政府推出了《汽车制造事业法》。如此一来,我们就不能以"兴趣"这种任性的态度继续下去。

我们对于国家是有义务的，无论如何我们必须努力推动汽车的量产。

三年以前，我们正式决定制造汽车。在这三年里，我们到底做了哪些工作呢？……在这里，我想针对这三年的准备工作依次进行说明。

对于生产汽车而言，什么最重要？当然是材料。未解决材料问题就开始生产汽车，就如同盖房子不打地基。

虽说日本的钢铁业相当先进，但为了制造出最适合用于汽车的材料，满足我们对材料的需求，还是要付出相当大的代价。为此，相关人员需要开展大规模的研究工作。恐怕极少有材料供应商能如此耐心地给予我们这样的协助。即使有，也不可能处处都按照我们设想的那样进行研究。

伴随在材料方面取得的进展，我们着手改进发动机。随着发动机的改进，我们又必须改进材料。在研究发动机的过程中，与发动机息息相关的材料生产看似非常多余，但从日本的现状来看，这样的材料非自己生产不可。在制造发动机的时候，无论制作工艺如何精良，如果材料使用不当，都会引发寿命缩短、造价抬高、性能降低等问题。如果无法制造出材料，汽车的研究也无从谈起。然而，要想解决这个问题，我们需要付出多达200万日元的额外费用。在如今的日本，材料就是汽车的生命。然而，仅仅依靠日本人自己的力量真的能够制造出这样的材料吗？我决定去请教一下本多光太郎先生。因为我认为这是个寻求答案的捷径。于是，我立即赶往仙台，向先生求教。他告诉我，"以日本现在的力量完全能够做到"，"没有必要雇外国人"。听了他的话，我完全放下心来，并马上着手筹建钢铁厂。

……

到我公司参观的人常常会问我铸件的合格率是多少。一般而言，如果铸件的合格率不到95%，就不能进行批量生产。

一心想要制造汽车而又担心铸件的合格率，在这种悲惨状态下，还不如收手算了。我笃定，如果连这个程度的合格率都达不到，简直就是丰田的耻辱。于是，我竭力地激励工厂的员工。在使用铸型机以湿砂模铸造汽缸取得90%的成功率以前，我们经历过多次失败。但是，通过一年多时间的努力，我们终于取得了成功。取得成功的原因在于，我们拥有多年以来用铸型机、电炉铸造难度很高的织布机薄片铸件的经验。话虽如此，我们仍出了五六百个汽缸废品。一般来说，一个员工在铸造1000个同样的铸件以后，就能达到动作熟练、不出废品。在最初的几百个铸件中，虽然也有铸得比较好的，但我们做好了在彻底掌握技术之前将其全部舍弃的心理准备。如此，我们就大致解决了材料问题。

## 厂房可以简陋但机器不容将就

在此，我还想通过引用丰田喜一郎先生的文章，分享一下他为了确保质量，是如何寻求好机器，以及为熟练地掌握这些机器如何不懈努力的。

毫无例外，人们都是通过采用相应的工作母机来制造机器的。但是，人们会遇到如何低成本地制造机器的问题。

铸件的加工和制造纺织机并无太大区别。纺织机厂家必须以量产方式制造纺织机，汽车厂家亦是如此。不过，纺织机的种类相当复杂，而汽车的种类却比较简单，只不过对精确度和工作机械的要求更为专业。比如，我们需要使用精密车床和钻孔研磨机等。对于这些，只要看看国外的汽车行业，研究一下各个机械制造商为汽车厂家提供的新式机器即可。在这个方面，我们只要采用相当先进的设备，无疑就能生产出绝不亚于外国的优异产品。……我认为，即使厂房是简易房也无妨，但是必须舍得花钱购买能够完美地制造出产品的成套设备。我们必须采购许多每台价值五六万日元的机器。如果对于购买机器的问题犹豫不决，那么，最好一开始就不要涉足汽车行业。所以，在进入汽车行业之前，就要做好花费大量资金购买机器的思想准备。人们常常嘲笑我们建造简易房作为厂房、节约研究经费的做法，但无论他们如何嘲笑，反正钱如果使用不当，再多也都是不够用的。我们要有杜绝浪费、购买合适机器的决心。针对各种机器，如果事先不进行相当详细的调查，就可能错买不合适的机器。所以为了不买错机器，我们就有可能需要专程到美国进行考察。因为仅仅是买错一台机器，就会造成三五万日元的损失。我们采购了高端机器以后，就会面临能否熟练使用的问题。接下来，我们就需要解决工具的研发以及如何让员工熟练使用机器的问题。无论机器性能多么优异，如果工具不顺手，也还是无法大量、精准、低成本地生产出产品。此时，我们必须设计出适合产品量产的工具。这种设计、制造工作需要耗时三四年。现在各位能明白丰田汽车在购买机器以后的三年时间里都做了些什么吧。

购买了价值几百万日元的机器之后，在大约三年的时间里，几百个人虽然拼命地工作，却没在市场上出售一台汽车。大部分的股东可能都会有这样的担心：丰田汽车真的能造出汽车来吗？

作为当局者的我们，也会觉得连一两辆都没有生产出来，实在太过意不去了。然而，我认为这样生产出来的汽车是无法让人满意的。这里面，经营者与资方都各有各的难处。如果没有拿出足够勇气、下定决心去造车的经营者，就没有完全信任技术人员的资本家。生产出的汽车能赚钱当然好，但造车项目刚刚启动的最初几年显然要赔钱，要真正站稳脚跟谈何容易。

我个人认为，盲目地投身这项事业的人是相当愚蠢的，头一两年大多数的经营者大概也都是这样认为的。那些自不量力的人，那些被人一怂恿就盲目行事的人如果有这样的想法不足为奇。幸好日本政府推出了《汽车制造事业法》，这对汽车事业有相当大的帮助……

投身一项谁都不愿意做的事业或者难以成功的事业，比从事采用一般方法就肯定能赚钱的事业，更能令人感受到人生的乐趣。如果自己力量不够遭遇失败，那就认输了事，甚至可以切腹以谢天下。但是，我认为既然要干，那就从人们认为最难的大众化乘用车的生产下手。我就是基于这样的想法才出发的……

## 追求日本特有的制造方法

丰田喜一郎先生的业绩是铺设汽车事业这条新轨道，也就是在日本的土地上探索日本式的制造方法。这样做，可以把人类的智慧运用到各个领域中去。

日本汽车产业发展缓慢的原因之一是，车身制造不能像美国那样采用大批量生产的方式。而采用手工敲打的方式是难以构建汽车产业的。这是一个困扰我很久的问题。有人建议我雇用外国人，但这样做会导致原封不动地引进不合日本国情的美国式量产方式。可以说，日本的现状就是几乎没有这方面的产业，人们只是停留在手工敲打方式的生产水平。不过，日本人心灵手巧，依靠手工敲打也能生产出不少产品。但无论如何，大批量生产的前提是必须有冲压机。可是，日本不会如同美国那样生产几千万辆车，因而不能花过多的费用去制造冲模。我们需要设法探索一种日本独特的制造方法。如果不采用主要部分使用冲压机、次要部分使用手工的方式，就只能照搬美国的方法。

　　我认为有必要通过自己的观察了解一下日本汽车工业发展的现状，于是请川真田一夫为我带路，参观了东京当地的汽车厂。在参观过程中，我偶然目睹了杉山铁工厂的作业人员用冲压机压造挡泥板。或许其他地方也有这样的工厂，但我还是立即询问杉山先生是否有兴趣尝试制作车身模具。他回答，可以试一下，还同意向我们提供超乎我们想象的合作条件。有关模具制作问题，因为还处于起步阶段，所以需要斟酌各种制作方法。但不管怎么说，由于没有机器，我们就不得不仍旧采用手工制作方式。当然，如果是在外国，人们有专门用于制作模具的机器。在国外，有专门承包模具制作业务的专业公司，它们拥有几千台机器，但日本做不到这一点。相反，采用手工制作方式具有快捷而低成本的优势。因此，我们决定采用手工方式开始制作，大约用了一年半的时间，终于造出外表粗糙的模具。今后，我们还需要进一步加强在这方面的研究。

冲压用薄钢板质量的好坏对冲压模具的制作十分重要。如果使用最高档的薄钢板，模具的制作就会变得轻而易举。于是，我拜托在大学里工作的三岛德七博士进行薄钢板的研究。他在国外留学时对这方面颇有研究。所以，我认为日本也能逐渐制造出好的产品来。关于喷涂和内饰，我们无须担心，因为日本已有经验相当丰富的人才。

最后，关于装配问题也是如此，作业人员使用设备按照程序熟练操作即可。当然，要想做到这一点，就需要对作业人员进行培训。不过，这不是什么难题。因为日本人心灵手巧，所以从这个角度来看，我们在不远的将来就能造出比外国车更物美价廉的汽车。

## 制造有价值的产品

1936年日本政府颁布了《汽车制造事业法》，目的在于保护、扶植日本国内的汽车企业。然而，市场需求取决于汽车企业能否以市场能够接受的价格提供产品。接下来，让我们一起阅读下面的文章，领略一下丰田喜一郎先生深入骨髓的企业家精神吧。

作为日本当代知识的集大成，汽车工业总算有了眉目。今后，我们需要同从事学术研究的专业人士一道，通过不断改进来促进汽车工业的发展。不过，当前我们面临的最大问题是，无论造出多么好的汽车，如果它的价格过于昂贵，用起来不经济，都是毫无意义的。所以，最终的问题就落到价格上来了。那么，在日本，到底生产多少辆国产汽车才能得出一个合适的价格呢？谁都想知道这个数字是多少，但是谁也无法做出准确回答。

我们售卖汽车时，必须以实际能够卖得出去的价格进行销售，那么这个价格是多少呢？恐怕至少要做到比外国车便宜吧。我们销售汽车时，如果采取诉诸顾客的爱国意识的方式，一个月有可能卖出50辆或100辆，但要想卖掉200辆、300辆是非常困难的。我们仍然需要在价格上与其他厂家进行竞争。人有这样的一种习性，以低价购买到新东西就会感到愉悦，在这种时候，人们都会拼命砍价，这与我们购买机器的情形如出一辙。政府机构采购汽车的时候，或许会原价购买，但是其他人肯定会砍价。诉诸人们的爱国意识的做法是行不通的，我们只能大幅度地降低销售价格。如果不这样做，月销几百辆是无论如何做不到的。利用高超的销售技巧、巧妙的宣传或许能够蒙骗顾客一时，但这样的做法不具有可持续性。

随着国产车的价值逐渐被人们认可，人们就会用相当高的价格来购买它。然而，在此之前，我想很多人是怀着这样的心态使用国产车的：如果白送给我，就看在情面的分上用它。我认为，出于报国的目的而带头使用国产车的人是极少的。顾客仍然是怀抱着这样的想法：花钱买新东西没有问题，但价格必须便宜。我们制造出国产车，但是卖不掉怎么办？这样的事当然要考虑到。因此，以什么样的价格销售汽车才划算，是汽车厂家最需要考虑的问题。

幸好，日本政府出台了《汽车制造事业法》，它在某种程度上对过度的价格竞争的发生起到了预防作用。话虽如此，进口车、国产车的价格也不能比以前贵。这样的法律所带来的结果应该是，伴随国产车行业的发展，用户能以更为低廉的价格购买汽车。在这一点上，我们负有重大责任。但是话又说回来，我们无法做到一开始就能生产出便宜的汽车。我们能否按照能够售出的价格经济地生产出国产车呢？价格便宜当然是好事，但是，如果为了追求便宜而使用劣质的材料、降低产品质量，使产品不耐用，那也是毫无意义的。制造国产车的初始阶段，一切都非常困难。只要造出物美价廉的商品就能卖得出去，这是一个永恒的原则。但是，在刚起步阶段，我们无法造出物美价廉的产品。我们如何突破这道难关呢？在防止无序竞争，特别是防止拥有雄厚实力的外国公司在日本倾销汽车的问题上，《汽车制造事业法》能够发挥作用。但是，在正当的竞争中，我们只能依靠自己的力量，没有其他办法。

丰田喜一郎先生的上述文章发表于1936年。在文章发表前的同年5月，日本政府颁布了旨在建立国产汽车工业的《汽车制造事业法》。这是政府针对日本国内汽车企业推出的强有力的扶植政策。日本政府在这部法律中将汽车工业指定为需要政府审批的行业，希望通过限制进口车的组装业务来促进日本汽车工业的发展。

对此，丰田喜一郎先生常常告诫自己，这部法律虽然能够抑制过度竞争，但是企业如果陶醉于这种扶植政策，就会遭到用户即顾客的抛弃。他的这种思想充满了作为民营企业家的责任感。

## 大处着眼，小处着手

我认为，无论是丰田佐吉老先生还是丰田喜一郎先生，都具有他人无法比拟的国际视野、洞察世界的眼光。他们都极富预见性，共同点在于自始至终立足于生产现场。他们现实地、冷静地、客观地关注各种事物，通过直面对方来洞察对方的本质。

有些人一到生产现场，总喜欢吹毛求疵。但是，丰田佐吉老先生、丰田喜一郎先生从不会这样。

他们总让人们觉得，在他们的头脑里总有一幅内容丰富的蓝图。我们或许可以称之为整体思维或者全局观念。

他们在拥有全局观念的同时，对于具体工作也非常严谨。

通过由原口晃撰写的记录了丰田佐吉老先生发明经历的《拜访佐吉老先生》，我们可以了解到，丰田佐吉老先生既是一个勤奋的人，也是一位天才。

老先生既不看商品样本和图书，也不借助报纸、杂志，更不向他人请教，在不借助他人智慧的情况下完全依靠自己的力量进行发明创造。他既没有学过数学，也没有学过物理，完全凭借独立思考、自己的设想而完成了受人敬仰的大发明。而且，发明的原理完全符合科学理论，不管是数学教师还是研究机械的学者，对先生的发明都挑不出任何毛病。老先生的发明完全来自实际工作。因此，即使它在原理上多少有些不同，但是实际使用过程中，反而会表现出超越理论的效果，他是一个完美的现实主义者……

既没有顾问，也没有助手。既没有特别的研究室，也没有参考资料。老先生把自己的房子当作研究室、办公室。在这里，既没有自行来访的客人，也没有应邀来访的客人。他会一连数日，从早到晚，或是仰望天花板，或是紧盯榻榻米，沉浸于静静的思考之中。如此，他提出了110多项发明。

丰田佐吉老先生一旦发现好的素材，就会凝视着它，像要把它看穿一样，非弄清其本质不可。他常常伫立不动持续观察住在附近的老奶奶如何操作手动织布机。这正是丰田佐吉老先生想象力的源泉，也体现了他对具体事项的钻研态度。

丰田佐吉老先生通过亲身感受国外的情况来激发自身事业的发展。他的这种进取精神、广阔视野，实在令人钦佩。他虽然胸怀开阔，但并不好高骛远，在一瞬间，他就能将来自观察对象的想象变成一个具体的形象。我们要想在博弈中取得胜利既要有全局观念又要有恰当地走好每一步的能力。丰田佐吉老先生恰恰兼具这样的从大处着眼、小处着手的能力。

丰田佐吉老先生于1910年前往欧美各国进行考察。在此以前，他辞去了在陷入混乱的丰田纺织的职务，可以说当时他正身处逆境。他在美国观摩了被誉为具有划时代意义的发明的"封闭式"和"理想式"自动纺织机。当发现自己发明的自働纺织机大大优于这些机器的时候，他重拾对自己的信心。丰田佐吉老先生将海外考察视为通向更高目标的跳台，这种百折不回的精神实在令人钦佩。

当丰田佐吉老先生在美国看到了汽车时，他就暗下决心，在自働纺织机项目之后要着手汽车项目。可以说，在丰田佐吉老先生的想象世界中，自働纺织机和汽车之间存在非常密切的联系。

丰田佐吉老先生发明的丰田式自働纺织机和环形纺织机，与汽车一样同为依靠动力自动转动的机械。而且，环形纺织机织布可以不受长度限制，汽车行车时也不受轨道限制，在公路上自由奔驰，从构思和实用层面来看，二者属于同一维度的机械。

丰田佐吉老先生无止境的想象力具有最终总能在现实世界中以某种具体形式体现，并结出硕果的特性。

据说丰田佐吉老先生从美国回来以后，就不断地大声疾呼"未来将是汽车的时代"。在他的头脑之中，除了纺织机，已开始有了关于日本汽车工业全局的构想。

## 追求日本特色

从丰田佐吉老先生、丰田喜一郎先生，到后来丰田汽车的历史，就是日本现代工业发展、走向成熟的历史。

这当中有一条粗线贯穿全程，那就是对于日本原创技术的不懈追求。

据说，丰田佐吉老先生于1901年开始开发自働纺织机，最终于1926年真正完成了这项发明。为了这项发明，他前后共花费了25年的心血。

其中最大的成果莫过于完美地实现了他"只以日本人的绝对力量完成一项伟大发明"的夙愿。

翻开丰田佐吉老先生的言行录，他为了实现工业立国而敢于与西欧强国对抗的勇猛的战斗精神跃然纸上。我们也能领略他主张"在智力领域展开挑战"的超越时代的新思想。

通过训练、磨炼日本人固有的智慧，并将这种智慧成果即日本原创商品出售到外国以此增加日本国家的财富，这就是丰田佐吉老先生的人生观、事业观和世界观。

丰田佐吉老先生就曾将经过训练和磨炼而积累的"智慧"卖给了外国，这种"智慧"就是发明专利。按照如今流行的说法，丰田佐吉老先生研制自働纺织机的事业属于技术密集的"知识产业"。

众所周知，丰田纺织于1930年同英国的普拉特兄弟公司签订了专利权转让协议，丰田纺织将通过这项协议获得的100万日元用作了汽车研究经费。

我非常佩服丰田佐吉老先生那种始终考虑如何将最宝贵的智慧，即日本人的智慧充分发挥出来的坚定信念。日本人没有创造力，日本没有原创技术，这绝对不是一个仅仅关乎企业的问题，更是一个有可能会造成日本永远无法赶上欧美各国并与其并驾齐驱的问题。我把这种国家意识当作约束自己的座右铭。

在当今的世界经济中，日本在贸易方面发挥着非常重要的作用，甚至由于存在感过强而引起与他国的摩擦。要想解决这种问题，需要通过政治谈判来达成协议，通过协议来调整贸易额。然而，单纯从经济的角度来看，我们可以做些什么呢？我深深地体会到，无论对方还是我们自己，都应该出口符合自己心愿的高附加价值产品，即丰田佐吉老先生所说的附加了"智慧"的商品，进一步地说，就是出口智慧本身。

丰田佐吉老先生一生追求日本原创技术，并取得了成就。然而，他并非关在象牙塔里面闭门造车，而是在生活中，通过题材的发现、扬弃开发出构造、性能上达到顶级水平的自働纺织机，并且将其实现了商业化。据我所知，像丰田佐吉老先生这样的成功案例是绝无仅有的。即使是学术领域的伟大发明，能够被应用于产业之中并且形成产业核心的例子也是极少的。我认为在日本这种情况更少。

丰田佐吉老先生提到的高峰让吉博士曾发明"高峰消化剂"，不可否认，这也是日本人创造力的产物，但它却是在外国的研究室里取得的。我并不是想说他的这一发明价值低，而是想说与丰田佐吉老先生的发明相比，两者无论发明条件还是场所都不一样。日本人在科学上取得的成就本身就不多，更何况可供创新的土壤也没有那么肥沃，所以丰田佐吉老先生的存在就显得更加珍贵。

在这里，我还想讲一讲丰田喜一郎先生如何富有智慧。在前文引用过的发表于1936年的《丰田汽车之历程》一文中，丰田喜一郎先生有这样的描述："冲压用薄钢板质量的好坏对冲压模具的制作十分重要。如果使用最高档的薄钢板，模具的制作就会变得轻而易举。于是，我拜托在大学里工作的三岛德七博士进行薄钢板的研究……"

三岛德七博士所发明的 MK 钢，与铁氧体和 NKS 磁铁（发明者为本多光太郎博士）都是为数不多的日本人的发明。丰田喜一郎先生对 MK 钢寄予厚望。遗憾的是，在 MK 钢的实际应用上，德国的博世公司和美国的通用电气公司都倾注了力量，而在日本的企业家中，只有丰田喜一郎先生最为关注。

丰田喜一郎先生一有机会就说，要建立如同汽车工业那样的基础工业，就必须夯实作为汽车工业的基础——学术领域。为此，他曾强烈要求加强产学合作。他是一个无论做什么都非常注重基础工作的人。

## 辩证式的发展

在进入汽车行业之前，丰田喜一郎先生从事的是纺织机相关的工作。

追随丰田佐吉老先生左右的众多人士都是我们的前辈。他们对丰田佐吉老先生的伟大发明给予了帮助，并推动了这项事业的发展。他们都是无名英雄。

在供职于丰田纺织的时候，丰田喜一郎先生就作为丰田佐吉老先生的左膀右臂，东奔西走。从自动织布机的开发和商业化，到向外国企业出售机器、技术相关的合同谈判，丰田喜一郎先生总是事无巨细地奔走忙碌。

当然，丰田喜一郎先生从很早以前就开始关注汽车工业了。为了同英国普拉特兄弟公司交涉，他于1930年前往英国，之后周游欧洲、美国。尤其是在美国的纽约，他或许目睹了汽车的洪流。这次欧美之旅使他受到了巨大的冲击，同时也强化了他对汽车的兴趣。

据说，丰田喜一郎先生一回国，就向卧病在床的丰田佐吉老先生详细汇报了他在美国和欧洲的有关汽车的见闻。当时，丰田佐吉老先生决定将从普拉特兄弟公司得到的100万日元用作汽车研究经费。由此可见丰田佐吉老先生是何等果断与英明。同时，毅然接受这项工作的丰田喜一郎先生的责任感和奋发图强的精神也绝非一般。

我将从丰田佐吉老先生到丰田喜一郎先生的时代变化看作事物的新发展。从这种意义上来看，从丰田喜一郎先生时代过渡到我们这个时代，也同样可以看作一次新发展。在发展过程中，既有高峰也有低谷，既有成功也有失败。因而，既有顺境也有逆境，既有动也有静。事业的发展如同一条河，有时流速快有时流速慢，有时看似水流停止，有时看似即将干涸。

但是，一种思想贯穿着丰田发展过程的始终。我确信这是一种坚定的思想，如同在前文已经讲过的那样，丰田的事业确实继承了寻求日本原创的思想。

从丰田佐吉老先生那里继承了"未来将是汽车的时

代"志向的丰田喜一郎先生比任何人都清醒地知道，造车任务绝非一朝一夕可以完成。从前文引用过的《丰田汽车之历程》一文中我们可以了解到这一点。

为了尽快学到汽车工业的基础知识，丰田喜一郎先生不遗余力地向美国的通用公司和福特公司学习。他的思路就是，通过向美国汽车工业学习基础知识，获得与日本相对比时所用的材料，进而探索出日本式的汽车制造方法。

1933年丰田喜一郎先生提出了开发日本国产大众车的方针，其中有一项内容是这样的："关于生产方法，我们会学习美国的大批量生产方式，但不会照搬，而是基于'研究与创造'的精神开发出适合日本国情的生产方式。"我想这就是他"准时化"创意的出发点。

真正的创新、技术革新会以某种形式帮社会进行变革。其中，最典型的事例就是"福特革命"。丰田佐吉老先生的自働纺织机也同样引起了生产上的革命。

丰田喜一郎先生所投身的汽车产业是与其他众多行业密切相关的综合性产业。要缩短与领先日本的美国汽车产业之间的差距，首先必须掌握基础技术，然后逐个地消化各种具体技术、构建生产体系。在这个过程中还要探索日本式的制造技术即生产体系。

丰田喜一郎先生一定是在掌握基础技术、各种具体技术之后,才在头脑中树立了生产体系的概念,即准时化生产方式。

准时化是丰田生产方式的出发点,也是构成系统的骨架,由此可知丰田追求日本原创精神的思想脉络。

从丰田佐吉老先生到丰田喜一郎先生,直至我们这一代,在企业内外条件发生巨变的过程之中,丰田实现了自身的发展。我认为可以将这个过程称为辩证式的发展。

第四章

# 福特生产方式的真谛

TOYOTA

## 福特生产方式

缔造现代汽车生产方式的是亨利·福特一世(1863—1947年)。

可以说,有多少家汽车企业就有多少种汽车制造方法,足见汽车制造方法之多。这些方法无不体现着企业经营者的哲学、工厂负责人的个性。

话虽如此,我们还必须承认现代工业中汽车生产的基本方式是由福特一世通过自身的实践推出的大批量生产方式。

直至今日,"福特生产方式"仍是美国大量生产、大量销售的象征。所谓福特生产方式,就是利用流水线作业的大批量生产方式,也有人称之为"自动化方式"。

在这种大量生产体系之中,人们利用传送带的流水作业，首先将原材料通过机械加工、装配工序制成零部件，再将多种类型的零部件提供给处于按一定速度运转的总装配流水作业线上的各道工序进行安装，最后装备完毕的整车一辆接一辆地离开流水线。

据说，福特生产方式是在1908年至1913年的5年间，经过反复试错开发出来的。它几乎与作为量产汽车象征的福特牌T型汽车的发售同时为世人所知。

要想弄清福特生产方式和丰田生产方式的不同之处，我们首先要具体观察一下福特生产方式。

谁能最准确地描述福特生产方式呢？福特公司前总经理查尔斯·索伦森（Charles Sorensen）在自己的著作中记录了福特生产方式的开发过程，他自豪地说，福特生产方式实际上是他们搞出来的。索伦森是一个重要人物，原本是生产部门的领导，在福特一世病故、埃德塞尔·福特（Edsel Ford）也辞职之后，他努力维持了福特公司的良好发展趋势，之后又成功地将公司领导权交给了后来的亨利·福特二世。

索伦森的著作中充满着启发性的内容。在此，我想先引用一下其中最言简意赅地论述福特生产方式开发、推行过程的部分。

组装汽车比将零部件运到组装场所还要简单。……我们采用只解决搬运起来较快的零部件的搬运问题的方式，逐步地解决了这个问题。存放发动机、车轴等大型部件需要较为宽阔的场所。为了确保这种宽阔场所，我们决定将体积小、便于成批搬运的零部件存放在工厂院内西北角的仓库里。我们和仓库部门约定，要他们每隔一定时间就将捆成包并标有记号的一组零部件运到三楼（组装线所在地）。

这样，伴随零部件处理的简化，情况变得一目了然。话虽如此，我们对这种方法并不满意。就在这时，我的头脑中突然出现一个念头："如果采用移动车架的方式，或许组装作业就会变得简单，速度也会加快。按照这种方法，我们先从工厂的一头移动车架，给它安上车轴、车轮，然后让装有车轴、车轮的车架从部件仓库通过，这样人们就无须从仓库搬运零部件了。"于是，我让路易斯从厂房内的一端开始将需要的零部件按照组装的顺序依次摆放在地上。

作业人员进行了这样的试验。在车轴、车轮装配前，人们将车架放在滑板车上，并在车架前端绑上绳子，拉着它完成各种安装作业。之后，作业人员利用装上的车轴来移动车架，让其从零部件之间经过以便完成各种组装工作。我们一边进行这种试验，一边对这种移动组装线进行改进。为了便于将零部件快速地安装到车架上，我们还采取事先做好组装作业（例如事先将水管等装在散热器上）的方法。作业人员将这些迅速地装上车架后，接下来就会安装转向器齿轮、火花塞线圈。（出自《福特的光荣和悲剧》，高桥达男译）

这就是人们为了构建福特式流水作业流程而首次展开试验时的情景。

这种流水作业的基本方式被全世界所有汽车企业普遍采用。近年虽然也出现了一种叫"沃尔沃方式"的做法，即由一名作业人员负责组装整台发动机，但福特式的流水作业在汽车制造业仍然占据主流地位。

索伦森先生在其著作中描述的是1910年前后的情景，但直至今日，这一基本模式几乎没有任何变化。

福特生产方式与丰田生产方式一样，基本形式就是流水作业。索伦森先生在开发福特生产方式的时候曾在放置零部件的仓库上煞费苦心，而丰田生产方式则不需要仓库。

在这里我想请各位再回忆一下，所谓准时化就是使需要的零部件按需要的数量、在需要的时间到达总装配工序的每道流水线上。

## 压缩批量，迅速变换程序

将同一品种、同一型号的零部件集中起来进行生产，即加大批量、不换冲模，尽量连续冲压更多的零部件，这种做法如今仍是生产现场的常识。这恰恰就是福特生产方式大批量生产体系的关键所在。美国的汽车企业一直都在证明，有计划的大批量生产对于降低成本是最为有效的。

而丰田生产方式刚好相反，我们生产现场的口号是"尽量缩小批量，迅速变换模具"。

那么为什么福特生产方式和丰田生产方式会如此不同，形成对立呢？

例如，福特生产方式需要加大批量来提高产量，因此在各处都要保有库存。而丰田生产方式则不同，其思想是要完全消除这些库存可能导致的产出过剩的浪费，以及用于这些库存的管理人员、土地、建筑物等方面的负担。

因此，为了实现准时化，我们采取了后一道工序到前一道工序领取所需零部件的"看板"方式。

为了贯彻前一道工序只生产与后一道工序领走数量相同的零部件这一原则，我们必须准备人员和设备，以便所有生产工序都能够在需要的时候只生产所需数量的零部件。此时，如果后一道工序在领取时间、数量上出现不均衡的问题，那么前一道工序为了应对这样的不均衡就必须在人员和设备上最大限度地做好准备工作。这样的做法显然会造成成本的提高，是一种浪费。

彻底消除浪费是丰田生产方式的宗旨。因此，我们就必须严格地推行均衡化生产，消除生产上的波动。我们这样做的结果就是缩小批量，不大量生产同样的产品。例如，在生产"卡罗拉"和"卡丽娜"的时候，我们不采取上午全生产"卡罗拉"，下午全生产"卡丽娜"这种集中生产方式，而是常常采取交替生产方式。关于生产均衡化的意义，我在第二章已经提及。简单而言，福特生产方式就是集中生产同一产品，而丰田生产方式则是"因为最后在市场上的每一个顾客都要买一辆有别于他人的汽车，所以零部件要一件一件地进行生产，整车组装也要一辆一辆地进行，也就是贯彻一件一件地同步生产"原则。

为了实现生产均衡化而压缩批量，人们当然就需要应对"快速变换模具"的问题。1945年至1954年，在丰田汽车的生产车间，作业人员换装大型冲压机的模具需要两三个小时，因此出于对效率和经济性的考虑，人们养成了尽可能"不换模具"的习惯。所以，我们在推行"快速变换模具"的初期阶段，曾遭到了来自生产现场的强烈反对。

变换模具必然会造成效率降低、成本提高，因而没有作业人员乐于做这样的事。然而，我们必须改变人们的这种观念。

要想实施丰田生产方式，做到迅速变换程序是先决条件。由于压缩批量造成了变换程序的需要，作业人员在实际工作中也得到了反复练习的机会。

1955—1964年，我们在丰田汽车内部推行了均衡化生产，在此期间，变换模具所需时间已经缩短到1小时以内，甚至达到了15分钟。1971年，变换模具所需时间缩短到仅仅3分钟。作业人员为应对需要而刻苦训练，取得了异乎寻常的结果。

无论是美国的通用汽车公司、福特汽车公司还是欧洲的汽车企业都采取了各具特色的生产合理化措施，但在丰田生产方式所追求的生产均衡化方面，它们好像未做任何努力。

仅以更换大型冲压机的冲模为例。这个操作在欧美各国企业中仍然需要花费相当长的时间，这是因为它们没有频繁更换模具的需求。当然，欧美各国企业所追求的零部件统一化是非常具有创新性的想法，但不可否认这仍然是通过扩大批量来追求基于计划生产的量产效应的做法。

那福特生产方式和丰田生产方式，哪一种方式更具优势呢？其实，两者都处于不断完善、变革的过程之中，无法断言哪一个更优秀。但是，我坚信丰田生产方式更适合经济低速增长时代。

## 亨利·福特一世的先见之明

在索伦森的著作中，有福特一世"并非大批量生产方式之父，而只是资助者"的揶揄表达。不过，无论如何，我都认为他是一个值得钦佩的伟人。

我坚信，如果作为美国汽车大王的福特一世如今仍然在世，他一定也会采用和我们的丰田生产方式相同的方式。

那是因为，每次拜读福特一世的著作，我都深切地感受到这位天生的合理主义者对美国工业发展所持有的极为冷静的科学态度。

即使针对均衡化问题、企业的浪费问题，福特一世的观点也依然具有正统性和普遍性。

下面，我从福特一世的著作中引用一段有关他对工业的基本观点，主题是"从浪费中学习"。

> 人如果什么都不使用，那就不会产生浪费。这是再清楚不过的道理。但如果换个角度来看这一问题，情况又会如何呢？假如我们不使用任何东西，那这不就等于一切的东西都被浪费了吗？如果完全停止对公共资源的利用，所带来的结果是对资源的保护还是浪费呢？有人为了安度晚年而用彻底的节约精神来度过一生中的黄金时期，这种做法是保护了财产还是浪费了财产呢？他是一位建设性的节俭人士还是一位破坏性的节俭人士呢？……
>
> 将天然资源保护起来不加以利用的做法并不是对社会的贡献，而是一种基于物比人更重要的执着于迂腐理论的保守理念。现在，美国的天然资源可以充分满足我们的需要，我们没有任何资源缺乏的烦恼。然

而困扰我们的是人类劳动的浪费问题。就从煤炭的矿脉来说，如果煤炭资源一直沉睡在矿山之中，它就不是什么重要的东西。但是，如果我们将煤块挖出来并运到底特律，它就成了重要的东西。那是因为煤炭体现了在开采、运输过程中所耗费的人类劳动的量。如果我们哪怕仅仅浪费一点点这样的煤炭，换言之，如果我们没能充分利用煤炭，那么，就相当于我们浪费了他人的时间和心血。人们即便生产了（被浪费的）东西，也不能得到大量的劳动报酬。

我关于浪费的理论，会从物质本身上溯到生产物质的劳动。我们的愿望是充分利用全部的劳动价值，以便对全部劳动价值支付费用。我们应该关心的是利用而不是保护。为了不浪费他人的时间，我们希望能够最大限度地利用各种物质。原本物质本身是不需分文的，它还没有落到经营者的手中时，是没有任何价值的。

也许有人认为，把物质仅仅当作物质来节约，和出于物质凝结着劳动而要节约的道理是一样的。但是，这两种观点有重大差别。如果把物质看作凝结着劳动的东西，我们就会更加认真地加以使用。即使物质可以再生、可以再利用，也不应该轻率地将其浪费掉，那是因为废物利用也是需要消耗人类劳动的。因此，不产生能够利用的废物才是最理想的状态。

我们这里有一个规模很大的废物利用部门。据我所知，这个部门一年的利润高达2000万美元。伴随这一部门的不断发展，其重要性、存在价值显著提高。于是，我们产生了这样的疑问："为什么会产生这么多的废品呢？"或许我们对于废物再生问题的关注程度已经超越了对不产生浪费问题的关注程度。

于是，我们带着这样的问题，对整个工序展开了调查……到目前为止，我们的研究、调查工作每年能为我们节约8000磅[①]钢铁。以前，我们都是将这些钢铁作为废铁处理，然后通过重新投入劳动而使其再生。这8000磅钢铁价值约300万美元。如果换一种更为恰当的表达方式，按照目前的工资水平，这相当于雇用2000多名工人。对我们而言，这种节约很简单就能做到。但在之前我们从未这样做过。现在想来，真的有些不可思议。

---

① 1磅约0.45千克。——编者注

## 必须自己制定"标准"

在前面的章节中我曾讲过，1937年到1938年，我还在丰田纺织工作时，曾奉上司之命制定纺纱标准作业表，当时我非常为难。从那以后，我一直在思考，标准作业的"标准"到底是什么。

实施标准作业时需要考虑的要素是人、机器和物。我们如果不能将这三者有效地结合起来，就不可能实现高效生产。这是因为从事劳动的人的因素被忽略了。

所谓"标准"，应当由生产现场的人来制定，绝不能由上级部门制定。但是，只要在整个企业的整体计划中确定整个工厂体系的定位，生产现场各部分的"标准"就能变得缜密而灵活。

从这个意义来看，我认为"标准"不应仅仅是生产现场的"标准作业"中的标准，还应该体现企业最高领导者的思想。在此，我们参考一下福特一世的主张。

我们在制定标准时必须慎重。为什么呢？那是因为人们在制定标准的时候容易出错。标准化有"惰性"与"进步"两种，所以笼统地讨论标准化是相当危险的。而从立场的角度来看，标准又可分为生产者方面的标准和消费者方面的标准。例如政府的委员会或者各机构都会围绕同一产品的多种形式、款式对各产业部门分别进行调查，在排除无意义的重复形式、款式基础上制定"标准"。公众会因此而受益吗？除发生战争，需要将整个国家当成一个生产机构以外，这种做法是完全错误的。第一，恐怕任何团体都不可能具有制定标准所必需的知识。这是因为这种知识来自各个产业的内部，无法从外部获得。第二，即便是这样的团体具备这样的知识，并且他们制定的标准也许暂时会对经济发展起到促进作用，然而，这样的标准最终也有可能会妨碍进步。厂家就会满足于不是为了满足公众的需求，而是满足标准而生产产品的状态。如此，人的能力不但不能得到提高，反而会被削弱。

从福特一世的思想中，我能够感受到这样一种强烈的信念：自上而下地下达标准的做法是错误的。他认为，无论是国家、企业最高领导者、厂长，还是工作单位的其他上司，都不能制定标准。在企业之中，就应该由生产现场的当事人来制定标准，否则这样的标准无法带来"进步"。

我完全同意福特一世的这种观点。让我们一起继续阅读福特一世的著作吧。

福特一世在探讨"标准是什么"的同时，还放眼私营企业的未来、产业的未来。

> 产业的归宿并非无须头脑思考的标准化、自动化的世界，而是一个存在大量由人动脑操控的机器的世界。彼时，想必人们无须从早到晚为了谋生而工作。产业真正的目的不是将人们都变成千篇一律的劳动者，也不是让劳动者登上徒有其表的最高地位。产业的存在意义在于为包括劳动者在内的公众提供服务。产业真正的目的是以价廉物美的产品来满足整个社会的需求，将人们的精神、肉体从谋生的痛苦中解放出来。至于产品的标准化会达到何种程度，这不是国家的问题，而是每一个生产厂家的问题。

在这里，我们清晰地领略到福特一世敏锐的洞察力，而且可以理解他及其合作者发明、开发的或许可被称为"自动化系统"的"流水作业"方式的意义。他们开发这样的系统，目的绝对不是想要让机器去操控人，把人排除在外。

任何事都是如此，无论创造者的构想有多伟大，现实都不一定会完全依照其预想发展。

通过对福特一世等人"流水作业"的构想和实施过程的研究，通过从最后一道工序装配线到机械加工、冲压加工等所有工序的追溯，我们就会明白他们用流水作业的方式来生产汽车的意图。

他们不仅在总装配线推行流水作业，还要将流水作业贯穿所有工序，目的就在于缩短生产的衔接时间。恐怕福特一世就是考虑到这一点才使用了"同步化"这个词。

然而，福特一世的后继者们并未完全实现他构想的流水生产方式。无论是在机械加工工序中，还是在冲压加工工序中，基于修堤节流思维的"批量越大越好"的观念已经根深蒂固。

我在前文也谈到，也许是植根于美国社会的工会的横向体系，限制了生产现场作业的灵活性，但是，我并不认为所有问题都出在这里。我认为福特一世的后继者们在相当程度上误解了福特一世的"流水作业"构想。诚然，工序最后变成了"流水作业"，而其他生产线却在进行"传送作业"。

我们在推行丰田生产方式的过程中，为了用生产现场的"流水作业"来替代传统的"传送作业"，要不断地将人的智慧赋予机器。我再一次体会到，"准时化"和"自働化"这两个支柱既是实现目的的手段，也是目的本身。

## 预防比治疗更重要

为了防备自然灾害的发生而储存物资，是农耕民族长期以来养成的习惯。对此，我们不能完全加以否定。

但我想要否定的是，人们在工业生产阶段，即在经营现代企业的过程中所采取的为防止意外发生而储备原材料、产品的做法。

一直和外部世界保持联动关系的企业，有什么必要只为自身的安全而储备物资呢？我反复讲过，这种储备物资的心态是造成企业浪费的罪魁祸首。

我们在购入新机器之后，为什么总是想让机器满负荷地不停运转呢？这背后有一种根深蒂固的想法在作怪。那就是，趁着机器运转状态良好，尽量多生产一些产品，因为机器有时会发生故障。

尽管在经济低速增长时期，这种想法已经行不通，但是人们的这种尽量生产然后囤积起来的势头依然强劲。

如果我们按照丰田生产方式的"准时化"思维做到"把所需要的物品在所需要的时间、按所需要的数量拿到手",那么的确无须将多余的原料、产品存放在手上。

然而,遇到机器停止运转不能继续生产的情况时,我们该如何应对呢?在采用"看板"方式的情况下,后一道工序的人员向前一道工序领取需要的物品时,前一道工序却因机器停摆而不能生产,此时我们该怎么办?这确实是个棘手的问题。

为了应对这个问题,我们在采用丰田生产方式时,必须将"预防"的观念渗透到生产现场的所有工序之中。与其出于机器可能发生故障的理由而储备物资,不如事先采取措施将故障防患于未然。

在丰田汽车内部以及外部的协作企业逐步推广丰田生产方式的过程中,我号召大家群策群力,共同思考防止机器故障、工艺状况不良的方法。如此,我们在丰田生产方式中融入了"预防医学"的思想。

福特一世从企业的社会使命出发,创办了著名的福特财团、医院和学校。在创办医院的时候,他发表了自己对于健康、疾病、治疗和预防的真知灼见。

在前文我曾引用的福特一世的著作中,有一篇名为

《治疗和预防》的文章。在这篇文章中,他指出通过正确的饮食习惯就可以确保健康。也就是说,他认为疾病是可以预防的。

> 那些顶尖医生都有这样的共识,那就是对于病情较轻的患者,可以采用食物疗法而不用药物疗法。若果真如此,我们为何不在治疗以前采取预防疾病的措施呢?如果深究这个问题,我们就可以得出这样的结论:不好的食物是引发疾病的原因,而好的食物是健康之源。如果真的是这样,我们应该展开针对完美食物的探索,将其找出。一旦发现这些食物,整个世界将迈出最伟大的一步。

福特一世认为,这是一个具有深远意义的科研课题,如果企业出于经营上的需要来探索这个课题的答案,或许比交给独立的研究机构去办更容易出成果。

虽然福特一世并没有指出这种预防的思维本身对于作为福特体系基础的"流水作业"是不可或缺的,但是"流水作业"的发明者竟然还思考过这样的问题,这一点我感到非常有趣。我怀着极大的兴趣拜读了他的《治疗和预防》。

在阐述丰田生产方式的两大支柱准时化和自働化的相互关系时，我曾说过，这两大支柱相互配合共同支撑着健全的生产线。这种健全的生产线又会催生健全的企业。可以说，丰田汽车健全的体系并非立足于治疗，而是立足于"预防医学"。

## 福特方式后继无人了吗？

我一直努力从福特一世的为人及其事业中寻觅以福特生产方式为代表的诞生于美国的、目前在世界上占统治地位的大批量生产方式的出发点。

在"流水作业"这一点上，丰田生产方式从福特生产方式中学到了许多东西。但是，福特生产方式终究是植根于美国的土壤，是以带来汽车大众化时代的福特 T 型车的大量生产形式出现的。一直以来，我就是在充分思考这种现实的基础上，努力探索适合日本国情的日本式生产方式的。

有关福特生产方式的流水作业在包括福特公司在内的美国汽车企业中的推广问题，我认为福特一世的真正意图可能并没有得到人们的正确理解。有关原因，我前文提到过，那就是汽车厂家的其他工序并没有能够像总装配线那样建立起流畅的流程，而且基于修堤节流思维的"批量越大越好"的观念在人们的头脑中已经根深蒂固。

那么为什么会这样呢？我认为，在福特一世的终极目标明确之前，美国汽车市场的竞争就已经加剧，原先自认是汽车行业老大的福特公司被竞争对手通用汽车穷追不舍，于是他再也无法思考如何正确地发展福特生产方式了。

20世纪20年代，美国汽车市场处于大转型期。通用汽车原董事长艾尔弗雷德·斯隆在其著作《我在通用汽车的岁月》中，对此进行了详细论述。

据这本书的描述，从1924年到1926年，美国发生了给汽车市场带来巨变的重大事件，这完全可以与1908年福特T型车的出现所带来的影响相匹敌。当年，福特T型车的出现令汽车市场从漫长的高级市场时代一举过渡到大众化市场时代。

也就是说，从由福特一世的"汽车是一种廉价的基础性运输工具"观念主导市场的时代，过渡到了斯隆所说的"不断追求进步的大众车，即富于变化的大众高级车的时代"。

20世纪20年代，在汽车产业发展的推动下，美国经济进入新的上升期。随之产生了新的因素，市场再次发生变化，成为区分过去与现在的分水岭。

这些新的因素，大体上可分为四种，即分期付款销售、二手车回收、车型的轿车化、新款车（每年有新款车上市）。（如果将用车环境也考虑在内，还可以加上道路设施的改善）如今，这些因素已经深深地植根于汽车产业，无视这些因素几乎是不可能的。在1920年前后的一段时间里，购车人都是第一次购车，均以现金或特殊的贷款方式支付。人们选购的主要是敞篷车、旅行车，款式也是在一两年之内不会有什么变化的。这种情况持续了一段时间。在此期间，即使厂家对车型进行了彻底改款，变化都并不显著。这是因为各种新的因素分别开始引发变化，并且按照各不相同的速度发酵，最后通过相互促进导致了彻底的变化。

面对市场的这种巨大变化，通用汽车的斯隆抓住了难得的机遇，为应对大众高级车市场多种多样的需求，提出通用汽车特有的"全线产品战略"。对于这种市场"多样化"现象，汽车企业在生产上是如何应对的呢？

从福特T型车大批量生产时代进入通用汽车的"全线产品战略"时代，各个生产工序当然会变得越来越复杂。汽车企业在生产多种车型的时候，为了降低成本，就会极力推进零部件的通用化。但是，我无论如何也想不到，为了应对市场需求的"多样化"，福特能够通过对福特体系进行重大修正来建立具有划时代意义的生产体系。

此时，福特汽车需要为适应"市场多样化"而推出变化多样的产品，充分施展其价格策略。但是从生产现场的角度来看，尚未完成的福特生产方式已经定型了。

我在构建丰田生产方式的过程中，始终需要考虑日本市场的"多品种、小批量"的特点，这不同于美国市场的"大批量、少品种"。因此，我必须推出一种日本式的生产方式。

目前，在采用丰田生产方式按照市场需求进行生产的过程中，我深深地体会到对于立足于"多品种、小批量"的日本国情的丰田生产方式而言，"多品种、大批量"的环境更为理想。我想通过这样的表达来强调丰田生产方式在不断变化的日本市场上所取得的成就。我认为，丰田生产方式对于斯隆时代以来已经进入以"多品种、大批量"为特点的美国汽车市场也是适用的。

## 逆向思维与企业家精神

福特一世的著作《今天与明天》(Today and Tomorrow) 出版于他人生巅峰时期的 1926 年。事实上，1926 年美国汽车市场正处于大转型期。关于转型的内容，我在后文还会谈到。总之，这一时期是福特一世的巅峰时期。不过，具有讽刺意味的是，福特汽车正是在他所说的"明天"被通用汽车赶上，并开始进入下滑阶段的。

1926 年是日本大正十五年，丰田佐吉老先生在日本完成了丰田式自働纺织机的制作。

福特一世不愧是缔造被称为"综合性产业"的汽车产业人士，他非常了解用于制造汽车的各种材料。无论是钢铁，还是其他各种金属材料，无论是有色金属还是纤维，可以说，他通过经营各种事业，不仅掌握了知识，还进行了亲身实践。

福特一世在谈到他的经验时强调，不要被现有的概念束缚，要灵活地进行思考。有关纺织品，他在书中留下了这样的论述：

> 纺纱和织布的技术是长年累月代代相传而来的。

它被众多的规矩束缚，几乎达到了被神化的程度。纺织工业是最早采用机械动力的工业之一，也是第一个使用童工的行业。许多纺织行业的人士坚信低成本生产只能通过低工资来实现。迄今为止，纺织工业在技术方面取得了显著的成就。然而，是不是所有人都能本着不受常规束缚、以完全自由的立场进入这个行业呢？这是另一个问题。

丰田佐吉老先生的自働纺织机，肯定给被老规矩神化了的纺织工业带来了变革。但这篇文章或许写作于丰田佐吉老先生发明自働纺织机之前。总之，福特一世的想法和他所投身的各项事业都是令人敬佩的。

在生产过程中，我们每天需要消耗十万多码[①]棉布、二万五千多码的毛织品……最初，我们认为我们必须使用棉布。因为在此以前，我们从未使用过棉布以外的材料来制作车篷或者人造皮革。于是，为了做实验，我们引进了一台纺织机。但是，由于我们没有

---

① 1码约0.9144米。——编者注

受到各种老规矩的束缚，在实验开始后不久就产生了这样的疑问：棉布是最适合用在这里的材料吗？

过了不久我们就明白了，我们之所以坚持使用棉布，不是因为棉布是最理想的材料，而是因为棉布最容易弄到手。相比棉布，麻布应该更结实，因为布的强度取决于纤维的长度，而亚麻纤维是已知的各种材料中纤维最长且最结实的一种。棉花的产地离底特律有数千英里远……而亚麻可以在密歇根州、威斯康星州种植，因而可以就近确保供应。但是，相比棉布的生产，麻布的生产有更多的规矩。人们认为，生产麻布的时候需要大量的手工作业。之前，美国还没有能够大量生产麻布的人士……于是，我们在迪尔伯恩开始生产麻布的实验，结果证明麻布的生产可以广泛使用机器。目前，该项目已经走过实验阶段，经济性也已得到证明。

我对于"棉布是最适合用在这里的材料吗？"这一问题非常感兴趣。

正如福特一世所指出的那样，人总是遵循各种沿袭下来的规矩行事。在个人生活中这样做或许还可以，如果置身于工业企业，我们就必须打破陋习。

从亚麻种植到将亚麻应用于工业生产，在这一过程中，我们能切切实实地感受到福特一世卓越的企业家精神。

我们如果满足于现状就不可能取得任何进步。对于生产现场的改良、改善工作，道理也是一样的。如果我们只是漫不经心地行事，那就不可能提出任何疑问。

我比较喜欢逆向思维，拜读了福特一世的文章之后，我深深地被他接二连三的逆向思维折服。

## 摆脱数量与速度的牵绊

请各位不要忘记，我现在谈论的这部福特一世的著作《今天与明天》，是他在20世纪20年代写的。

对福特一世来说，这个时期具有怎样的意义呢？虽然之后福特一世历经挫折与回归、失败与成功，最后离开了人世，但他写作这本书时正是他经营的巅峰时期。对他而言，那是他置身于高高的瞭望台上，眺望今天、展望明天的幸福岁月。

一直以来，我的内心里都有这样一个疑问，那就是如今美国的大批量生产方式，植根于包括日本在内的全世界的美国式大批量生产方式可能并非福特一世的本意。为此，我一直在探索福特一世思想的原点。

在此，让我们看一看20世纪20年代，福特汽车繁荣时期美国的情况。

不限于在造车方面，在整个生活中，我们的动作或许有些太快了。人们常常会说，繁重的劳动已经将工人的体力消耗殆尽；所谓进步都是靠牺牲别的什么东西来实现的；在提高效率的名义下，优雅的生活正遭到破坏。

如今的生活缺乏平衡，或许过往的生活一直如此。近来，大部分人没有闲暇时间，即使有也不知道如何来利用。对我们来说，一个极为重要的问题就是如何保持工作与娱乐、睡眠与吃饭之间的平衡。归根结底，这是一个关乎人们的患病与死亡的问题。

如今社会的发展确实比以前更快了。更确切地说，是社会被更快地推动了。然而，在未铺好的路上耐心地走上4个小时，同乘车20分钟相比，究竟哪一个舒服，哪一个辛苦呢？到达目的地之后，哪个旅行者还有精力呢？此外，哪种方式更节省时间和力气呢？

想必在不远的将来，乘车需要花费几天的路程，乘飞机只用一个小时就能完成。到了那时，我们精神上会感到不愉快吗？

据说，现在人们都正在变得神经衰弱，这种状态是真正发生在现实中还是只是写在书本上而已呢？工人们的神经已经极度紧张，各种书都在讨论这个问题。但是，实际上真的有人从工人口中亲耳听到过这种说法吗？

……

"效率"一词受到人们的憎恶，那是因为并不属于效率的东西也被戴上了效率这个假面具。所谓效率，其实说起来非常简单，那就是放弃笨拙的做法，用我们已知最好的做法去工作。打个比方说，相比用人力将皮箱背上山，用卡车运上去更好。也就是说，为了让工人赚更多的钱，占有更多的财富，过上更安逸的生活，就要训练他们，赋予他们更大的力量。这就是效率。和同一天为了挣上几美分而长时间劳动的苦力相比，拥有自己的房子、汽车的工人更幸福。一个是奴隶，另一个是自由人。

相比半个世纪以前，世界发生了重大变化。中国也发生了巨变。

我于1977年9月15日至9月28日参观了中国的工业，当时他们正热心于工业现代化建设。

我以为，在福特一世的时代，在我们在战后开始构建丰田生产方式一直到现在的时期，在中国推行新型工业化的过程中，福特一世作为普遍要素所提及的"效率"，一直如影随形。

福特一世曾指出："所谓效率，其实说起来非常简单，那就是放弃笨拙的做法，用我们已知最好的做法去工作。"

从这个角度看，丰田生产方式的思维和福特一世的看法是一致的。

"效率"并非数量、速度的函数。福特一世曾发出"我们的动作是否有些太快了"的疑问。从汽车产业来看，不可否认我们是从数量、速度这两大方面来追求效率的。不过，丰田生产方式始终关注抑制产出过剩，采用可实时应对市场需求的制造方式。

在经济高速增长时期，由于市场需求旺盛，产出过剩所造成的浪费并没有显现出来。但是，进入经济低速增长时期，产出过剩的问题就会暴露无遗。这种浪费正是一味追求数量和速度的结果。

"尽量缩小批量，迅速变换模具"是丰田生产方式的一个特征。关于这一点，我在前文已经论述过，但实际上这个观点的基本思想在于，以流水生产来改变"更快更多生产"的根深蒂固的观念。

说实在的，即使在丰田汽车内部，要像如同装配线和机械加工流程那样，让冲压部门、树脂成型部门、铸造部门、锻造部门等彻底融入整个生产流程也是非常困难的。

例如，由于作业人员经受了训练，大型冲压机变换模具所需的时间已经被缩短为3~5分钟，这与其他公司相比，已经达到令人惊异的水平。但是，随着今后流水作业的全面实现，即使将这种速度变得更慢一些，也完全能够满足生产的需要。

大量生产、大量销售的方式由于过度追求数量、速度因而造成无谓的损失。为了解决这样的问题，丰田生产方式应运而生。

第五章

# 在低增长中求生存

TOYOTA

## 诞生于高速增长时期的体系

20世纪60年代初期,日本迎来了世界罕见的经济高速增长时期。1963年,作为丰田生产方式实践工具的"看板",已在全公司得到普及。

丰田生产方式所运用的"看板"体系于这个时期在公司内部扎下根来,这是一件意义深远的事。

那是因为在国民收入倍增的口号声中,日本进入了经济高速增长时期。而在此时,可以说日本的企业家似乎已经丧失了那种立足于日本的土壤建立日本企业的经济观念、社会观念。这样的结果是由美国式的大批量生产思想、以消费为美德的潮流造成的。

连续自动工作机床、机器人等声称能够提高效率的高性能大型机器如洪水一般涌入汽车行业。由于当时汽车需求旺盛，厂家只要生产出来就一定能卖出去，因此，能够进行大量生产的机器也大显神威。

我认为，如何正确看待这种数量、速度经济是一个问题。

我个人认为，人们大力推广自动化、机器人并没有什么问题，但是我非常怀疑引入这样的设备能否带来"真正的效率"提升。

对于利用高性能大型机器来节省劳动力，即以自动化来实现省力化的意图，我是完全可以理解的。因为在收入倍增的势头之下，国民收入水平急剧上升，过去那种利用低工资来压低生产成本的做法已经难以为继。所以，广大企业都在加紧推行自动化。

但是，自动化机器、装置也是有缺点的，它们不能根据情况自行做出停机的判断。为了防止出现大量次品，防止设备、治具、工具、模具等发生损坏，负责监视工作的人必不可少。因此，虽然工厂实现了自动化，人员却不会减少。只是大部分作业人员的工作被机器代替，这些设备是名副其实的省力化设备。

我总是有这样的疑问：明明人员的数量比所需的多了一倍，这算什么省力化呢？如果通过采用高性能机器，能把所需人员减少一半，倒还可以理解，但是人们好像并没有这样的想法。于是，我又想，即使不购入高性能机器，仅靠现有机械能否充分满足生产的需要呢？

事实上，如果产业内人士没有这样的意识，那是非常危险的。如果只考虑顺应时代的潮流，一旦需求增长趋势出现停滞，我们该如何应对呢？如果突然遭遇亏损，那就会陷入惊慌失措的境地。

1965年之后，日本的经济规模扩大了一圈又一圈，来自生产现场的引进高性能大型机器的呼声越来越高。不仅是生产现场，就连企业最高经营负责人也开始为引进高性能机器而四处奔走。

当时，我深深地感到这样大量引进高性能机器是非常危险的行为。

丰田汽车内部已经充分认识到引进高性能大型机器的危险性，但是协作企业并没有这样的认识。

于是，我们将协作企业的最高领导者召集在一起开会，希望他们能够理解、采用丰田式的制造方法。

当时，我们谈论的主题是"旨在降低成本的缩短工时问题"。我们希望广大协作企业能够根据丰田汽车所取得的成绩理解到这一点，那就是如果真正做到了合理化，无须引进机器人，依然可以降低成本。

当时乃至后来，许多人都有这样的想法，或是通过搞自动化、省力化，或是通过使用机器人、自动化设备，只要能减少工时就能降低成本。然而，最终人们得到的结果往往是成本非但没有一丝一毫的下降，反而还有提高。

显然问题的根源在于这种想要通过自动化来实现省力化的想法本身。

## 如何在低速增长时期提高生产效率

为了发挥自动化的作用，机械本身必须具备能够自行对异常情况做出判断并停止运转的机制。换言之，就是我们必须让机械具有我们的智慧，做到"自働化"，通过这种方式实现省人化而非省力化。

1973年秋季爆发的石油危机，使得一直顺利发展的日本经济为之一变。自1955年以来一直持续增产的丰田汽车于1974年被迫减产。

整个日本产业界因遭遇零增长甚至减产的冲击，收益急剧减少，呈现出一片惨淡的景象。就在此时，受石油危机冲击较小的丰田生产方式开始格外受到世人的瞩目。

丰田汽车由于受到石油危机的冲击而被迫减产，在增产时期未显现的问题此时也暴露出来。

就是自动机床是按定员制进行工作的问题。完全自动机床，即无人操作机床另当别论，而那种仅用人工进行投料、安装工件的自动机床，在满负荷运转时，需要由两个人进行操作，然而在减产50%的时候，一个人无法操作，同样还是要用两个人。比如，大型自动机床的进口和出口处，无论如何都要各安排一个人。

自动机床具有自动发现异常的功能，这有助于防止次品的产生。但是，从另一方面来看，这样的机器还是有缺点的，那就是如果操作人员的数量不能满足定员就无法开动。

这是我们在构建能够适应变化的生产现场的努力中遇到的重大障碍。因此，丰田生产方式下一步要努力解决的问题就是打破定员制。这是一种叫作少人化的思维。

这种思维不仅适用于机器，也适用于人工作业的生产线。换言之，在5个人工作的生产线上，我们会构建即使有1个人休息，由其他4个人也能够继续工作的机制。此时，人员的数量只有定员的八成。如此，就需要人们从平时在工序布置、作业训练（多工种化）、设备制约的改善等方面不断地进行改进。

所谓少人化，指不管是一个人、两个人还是几个人都能保证生产线、机器的正常运转。它是从否定定员制的想法发展起来的。

进入经济低速增长时期，所有企业尤其需要具备这样的思维。在经济高速增长时期，任何人都能提高生产率，而在经济低速增长时期，到底有几个人能够做到这一点呢？这才是决定企业成败的关键所在。

在经济高速增长时期，为了避免由于产出过剩而产生不必要的库存，我们一直竭力避免引进高性能机器。因为我们知道"大舰巨炮主义"给生产现场造成的偏差是何等巨大，因而拒绝随波逐流，选择了全身心地推进丰田生产方式。

丰田生产方式，首先是以丰田式的制造方法来构建合理化的基础，然后通过采用"看板"方式来挑战准时化，旨在彻底消除浪费。

任何事情都一样。如果我们没有任何具体的良策，而只是红口白牙地说我们可以帮助你们消除多少浪费，帮助你们削减一半多的员工，我想没有人会相信我们。

我经常会说"只要引进丰田生产方式就能立刻发现浪

费""现在的工作只要有一半的人员就足够了"之类的话。

事实上，丰田汽车内部的各个生产现场都发生了变化。因车型而发生的有益的转变很显著，这是大家都知道的。我们不能因为某一个车型因产量减少而造成成本上升，就把成本上升的部分转嫁给顾客。

对产量减少了的车型，我们必须想方设法降低成本，要做到按以前的价格出售依然能够赚钱。面对这种现实，我们经常思考，有没有为产量减少的车型提高生产效率的办法。

如今"卡罗拉"非常畅销，但它也有过让我们深感痛苦的滞销时期。任何车型都有自己的发展历史，滞销时期虽然产量少，但我们也必须为提高生产效率、降低成本而努力。我经常对生产现场的人们说：

"在增产的时候，能够提高生产率、效率的人，世界上可能有几十或几百个，在丰田汽车内部，这样的基层领导也有很多。然而，在减产时能提高生产率的人，全世界都很少。在一个企业中，这样的人越多，企业的实力就越强。"

然而，人们总是喜欢生产那些销量较高的产品，而对于销量少的产品，则不愿付出辛劳与智慧。

我从事构建丰田生产方式的工作至今已有三十多年了。

在此期间，我通过向各种各样的人、物乃至社会各方面学习，获得了许多想法。这些想法都是基于需要而产生的。

我认为，在一个企业中，与其负责一个销售业绩良好的部门，倒不如负责一个滞销的、没有实力的部门，因为这样的部门具有迫切的改善需求，工作起来会干劲十足。然而，现实似乎并非如此。

这样刻板的想法，在现在的企业中，在整个产业社会中都已经扎下根来，这真是一件令人头疼的事。

一谈到工作和人、机械和人的对立问题，我就觉得有些刺耳。在这个世界上，二者的命运是紧密相连的，因此，我们要尽量发挥人的聪明才智，努力增强人的创造欲望。

在构思、推广丰田生产方式的过程中，我们经常采用脱离常识、反常识，甚至逆向思维的方法。不过，我想要大声疾呼，从高层管理人员、中层管理人员、生产现场的班组长到员工，每一个作业人员都要以灵活的头脑投身工作之中。

## 学习古人，培养灵活的头脑

话题稍微扯得远了一些。据说"纳豆"和"豆腐"从原有的意思上来说，是互相颠倒了的东西。

有人认为，这是日本江户时代中期的儒生荻生徂徕搞错了名称，也有人认为，他是故意这样做的，总而言之，人们说法各异。

日本东北地区、水户的特产"纳豆"，本来应写成"豆腐"，因为是豆子发酵后制作而成的。

现在我们通常所说的"豆腐"，原本应叫"纳豆"，因为是用豆子做的，并被切成了四方形。

若将"纳豆"依其原来的用法写成"豆腐"，人们容易产生"豆腐坏了"的联想而不愿吃"纳豆"。而豆腐给人一种白白净净的感觉，即使写成"豆腐"，人们也不会产生豆腐坏了的联想。所以有人认为二者的名称被用反了。

从日文的汉字可以看出，日本人有与作为前辈的中国人不同的思维方法。因为这毕竟是由日本的土壤催生的。

我非常珍惜日本的传统思想。如今，丰田汽车虽然已经发展成年产值 2 万亿日元的企业，但是仍将总公司设在三河，不愿迁出。有时有人会劝告我们说，这样会难以获得来自世界的信息。但是，我认为，不会因为这样就了解不到世界的信息，也不会得不到最为重要的日本信息。

置身于当今这个信息化时代，对我们而言重要的是不要被卷进在水面上转动的信息旋涡去，而是要紧紧把握流淌于水底的信息。

前文提及的丰田生产方式中所采用的丰田式信息系统，从这种意义上来说，正极为有效地发挥着作用。

当然，最为重要的不是系统，而是选择、解释信息的人的创造力。幸运的是，丰田生产方式尚处于逐步完善的过程中，在不断吸收广大员工提出的大量改进建议的基础上，逐步取得进步。

我本人也抱定不断创新的信念，常常用创造之"鞭"鞭策自己易于僵化的头脑，让自己每天都不忘深入生产现场。

# 丰田生产方式的沿革

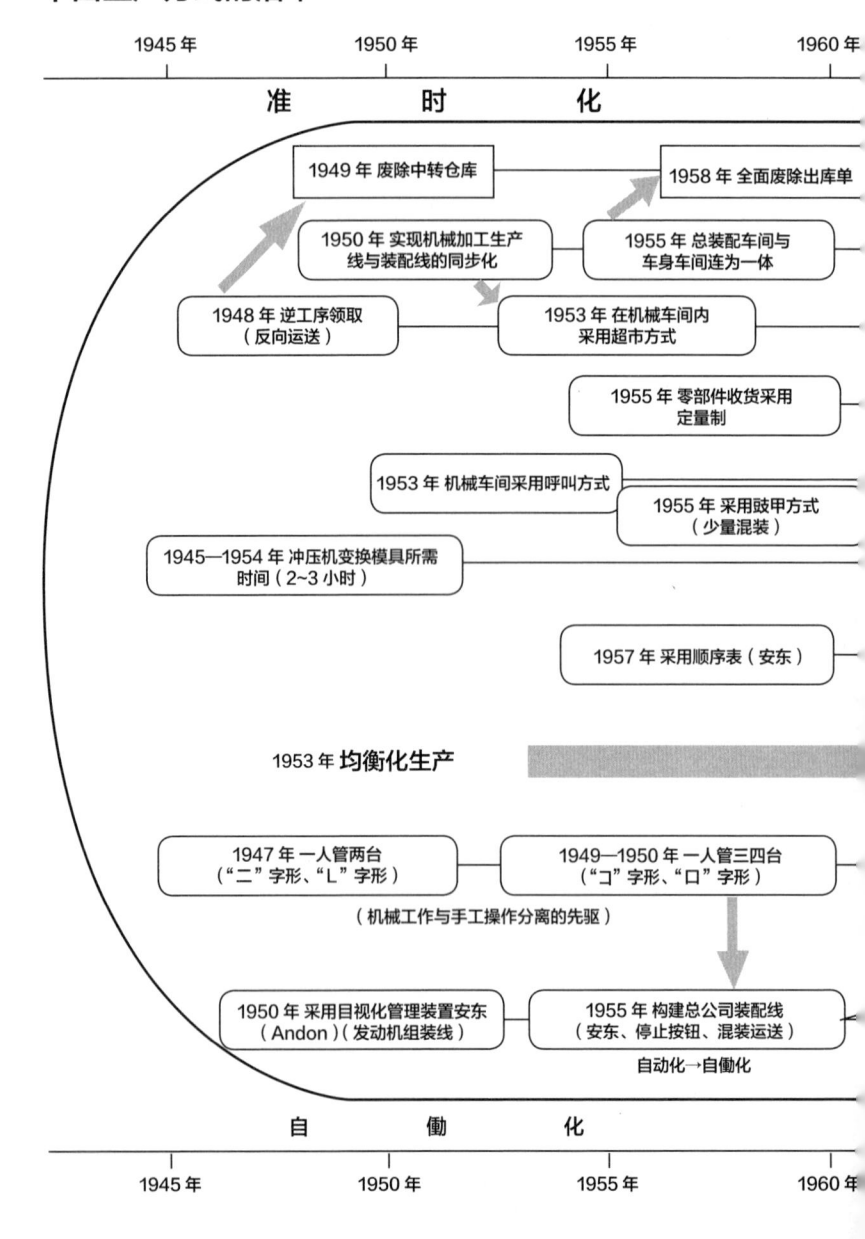

```
         1945年          1950年          1955年          1960年
                    准      时      化

                    1949年 废除中转仓库        1958年 全面废除出库单

                    1950年 实现机械加工生产     1955年 总装配车间与
                    线与装配线的同步化         车身车间连为一体

        1948年 逆工序领取              1953年 在机械车间内
        （反向运送）                   采用超市方式

                                       1955年 零部件收货采用
                                       定量制

                    1953年 机械车间采用呼叫方式
                                                1955年 采用豉甲方式
                                                （少量混装）
        1945—1954年 冲压机变换模具所需
        时间（2~3小时）

                                       1957年 采用顺序表（安东）

        1953年 均衡化生产

        1947年 一人管两台           1949—1950年 一人管三四台
        （"二"字形、"L"字形）        （"コ"字形、"口"字形）
                        （机械工作与手工操作分离的先驱）

        1950年 采用目视化管理装置安东    1955年 构建总公司装配线
        （Andon）（发动机组装线）       （安东、停止按钮、混装运送）
                                           自动化→自働化

                    自      働      化
         1945年          1950年          1955年          1960年
```

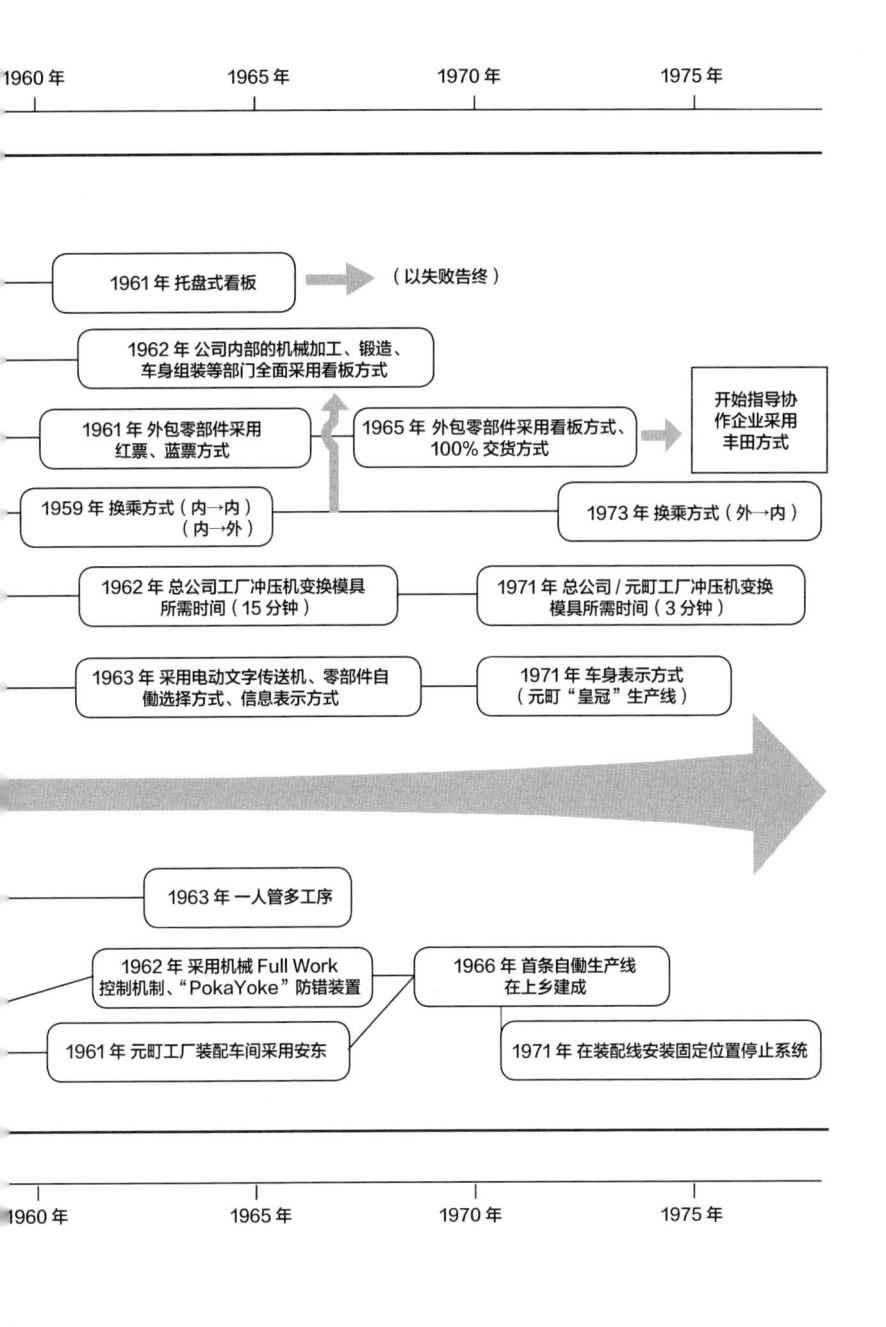

| | 1960年 | 1965年 | 1970年 | 1975年 |
|---|---|---|---|---|

- 1961年 托盘式看板 →（以失败告终）
- 1962年 公司内部的机械加工、锻造、车身组装等部门全面采用看板方式
- 1961年 外包零部件采用红票、蓝票方式
- 1965年 外包零部件采用看板方式、100%交货方式
- 开始指导协作企业采用丰田方式
- 1959年 换乘方式（内→内）（内→外）
- 1973年 换乘方式（外→内）
- 1962年 总公司工厂冲压机变换模具所需时间（15分钟）
- 1971年 总公司/元町工厂冲压机变换模具所需时间（3分钟）
- 1963年 采用电动文字传送机、零部件自働选择方式、信息表示方式
- 1971年 车身表示方式（元町"皇冠"生产线）
- 1963年 一人管多工序
- 1962年 采用机械Full Work控制机制、"PokaYoke"防错装置
- 1966年 首条自働生产线在上乡建成
- 1961年 元町工厂装配车间采用安东
- 1971年 在装配线安装固定位置停止系统

| | 1960年 | 1965年 | 1970年 | 1975年 |
|---|---|---|---|---|

# 附录　主要术语集

为了便于各位理解、践行丰田生产方式，我特意选择了 24 个主要术语进行解说。

## 1. 丰田生产方式

剖析丰田生产方式，首先就要讨论"丰田式的制造方法"。"丰田式的制造方法"关键在于在生产现场建立流水作业生产线。构建流水作业生产线时，我们不会像过去那样，将车床和车床、铣床和铣床都集中在一起，而是按照一定的工艺流程，将车床、铣床、钻床等一台一台地排列起来。利用这样的排列方式，一个工人就可以从过去只能管理一台机器变成能够同时管理多台机器。确切地说，就是实现了"单人负责多工序",提高了生产效率。其次就是"看板"方式。它是为了实现丰田式的制造方法的准时化生产的一种手段。为了在需要的时间只得到需要数量的物品,"看板"有效地发挥着作为"取件信息"和"运送指示信息"以及生产工序中的"生产指令信息"的作用。

## 2. 准时化

如果能做到在需要的时间按需要的数量领取需要的物品,就能够消除生产现场的浪费、质量不稳定、作业不规范的问题,从而提高生产效率。准时化是由丰田汽车创始人丰田喜一郎先生提出的。他的继承者们发展了这种思想,从而构建了能够实现准时化的生产体系。其关键之处不是要做到简单的"及时"(in time),而是要做到"准时"(just in time)。准时化思想和下一条中的自働化思想是丰田生产方式的两大支柱。

## 3. 自働化

丰田生产方式始终强调必须是"动字有人字旁的自働化"。所谓自働化,就是将人的智慧赋予机器。自働化思想发端于丰田公司的开山鼻祖丰田佐吉老先生发明的自动纺织机。丰田式自働纺织机会在有一根经纱断掉或者纬纱用完的时候立即自动停止运转。也就是说，机器上装有让机器自行判断工作状态好坏的装置。丰田公司不仅把这种想法用于机器，还推广到有作业人员工作的流水线上。也就是说，一旦发生异常，作业人员可以在丰田公司内部贯彻执行让流水线停止运转的做法。自働化具有防止产生次品、避免产出过剩、自动监测生产现场的异常现象等优点。

### 4. 目视化管理

自働化中包含着如果发生异常现象，生产线、机床就立即停止运转的含义。这种思维的基础在于能够对正常与异常做出明确的判断。从质量的角度来看，就是使质量问题表面化，从数量的角度来看，就是让计划的执行进度一目了然。目视化管理的对象不仅限于机器、生产线，还包括物品的摆放方式、各工序的储备量、"看板"的运转状态、作业人员的作业方法等方方面面。在引进丰田生产方式的生产现场，"目视化管理"会被彻底地贯彻执行。

### 5. 安东（andon）

在"目视化管理"中具有代表性的装置就是安东。这是一种安装于生产现场的"生产线停车工作指示板",是一种异常指示灯。在机器正常运转时,指示灯是绿色的;在作业人员想要调节流水线的迟误而向他人求助时,指示灯是黄色的;为纠正异常现象需要停止生产线的运转时,指示灯变成红色。由于人们通过这样的方式可以彻底排除异常的发生,因此就无须担心生产线会因故障而停止。

6. 看板

"看板"是实现丰田生产方式的第一根支柱,也是实现准时化生产的管理手段。在多数情况下,看板就是装在长方形塑料袋中的一张小卡片,卡片上会标明所要领取的零部件的名称、数量,以及所要生产的零部件的名称、制造方法等信息。后一道工序在需要的时候去前一道工序领取所需数量的零部件,前一道工序仅仅对被领走的数量进行补充生产,这就是准时化生产。在这种情况下,后一道工序到前一道工序取件的时候,"取货看板"或者"运货看板"作为"取货信息"或者"运送指令信息"将后一道工序与前一道工序衔接起来。这是"看板"的重要作用之一。此外,前一道工序补充刚被取走的零部件时,能够发出生产指令的"工序内看板"就会发挥作用。这两种"看板"互为表里，在丰田汽车下属工厂内的各工序之间、丰田公司与协作企业之间、协作企业内部的各工序之间发挥着传递信息的功能。此外，必须进行批量生产时，比如，用冲压机生产零部件的时候，"信号看板"就会派上用场。"看板"就是能够体现人的意志的一种"信息"。

### 7. 自问5个W、1个H

为了发现问题，就要反复追问5个"为什么"。这是丰田人所具有的科学严谨的基本态度。在丰田生产方式中，所谓"5个W"就是5个"why"。通过"5个W"能找出引发问题的真正原因，也就能找到解决问题的方法（how）。

### 8. "真正的原因"比"原因"更重要

"原因"中隐藏着"真正的原因"。在任何情况下，我们都要抱着"为什么""为什么"的态度去挖掘问题的原因。但是，如果发现了真正的原因但不采取应对措施，那也无法有效地解决问题。

### 9. 从"省力化"到"省人化"，再到"少人化"

引进高性能的大型机器能够降低工人的劳动强度，即实现省力化。但更为重要的是，要通过采用这种机器减少所需人员的数量，将多余的人员调往需要的部门。通过省力化，即便减少了 0.9 个人的工时，也是没有意义的。这是因为只有至少减少一个人的工时才能带来成本的降低，因而必须将省人化作为努力的目标。丰田汽车设定了更新的目标，那就是少人化。虽然我们也曾以省人化为目标推行过自働化，但在减产时，却不能按减产的数量等比例地减少人员的数量。这是因为自働化采取的是定员制。在经济低速增长时期，我们需要想方设法地打破这种定员制度，构建一种能应对产量变化的、无论几个人都能顺利地进行生产的生产线。这就是少人化的目的所在。

## 10. 变"行为"为"劳动"

在生产现场，作业人员即使非常勤快，他们的行为也未必都能构成劳动。所谓劳动，就是按照工序的安排，以浪费少、效率高为前提完成工作。因此，管理监督人员必须努力指导部下变行为为劳动。

## 11. 识别浪费，消灭浪费

要想识别浪费，就必须对浪费的性质进行具体分析。我们可将生产现场的浪费做如下分类：产出过剩所造成的浪费，窝工所造成的浪费，运输过程中的浪费，加工过程中的浪费，库存阶段的浪费，动作上的浪费，生产次品所造成的浪费。在资源有限的经济低速增长时期，"产出过剩所造成的浪费"不仅会给企业带来损失，甚至还可以说是一种对社会的犯罪。消灭浪费是企业的最高使命。

## 12. "PokaYoke" 防错装置

要想在生产过程中百分之百地生产合格品，就必须在治具、工具、安装工具等方方面面进行改进，构建预防次品出现的机制。"PokaYoke" 防错装置就能够发挥这样的作用。这种装置具有下列功能：第一，如果作业人员操作有误，工件就无法安装到治具上；第二，如果工件有问题，机器就拒绝加工；第三，如果作业人员的操作有误，机器就拒绝加工；第四，自动修正作业人员的操作失误、动作差错之后开始加工；第五，后一道工序通过检查前一道工序的不妥之处来防止不良状况的出现；第六，如果发现作业内容有遗忘，就拒绝进入下一道工序。

### 13. 贯彻标准作业

丰田生产方式追求的是准时化生产。因此，各工序的标准作业表必须简单明确。制定标准有三条原则：一是指明必须用几分几秒制造一台或一件产品的"周期时间"；二是制定按时间先后安排的"作业顺序"；三是确定为维持持续作业所需的最小限度的工序内应备工件的数量，即"标准存量"。

### 14."流水作业"与"传送作业"

"流水作业"指各道工序通过对流动物品的加工来赋予其附加价值的过程。不过，只使用传送带运输物品的作业不叫"流水作业"，只是"传送作业"。丰田生产方式的基本条件，就是在生产现场采用"流水作业的生产方法"，即需要构建"流水作业线"。

### 15. 单人负责多工序

在机械加工工序中，我们可以将车床、铣床和钻床等纵向平行排列起来。假设我们按照生产流程的需要，将5台车床排列在一起，让一名作业人员来操纵这5台车床，这就被称为"单人负责多机床"。单人负责操作5台铣床或者 5 台钻床的情形亦是如此。与此不同，如果一名作业人员同时操作 1 台车床、1 台铣床和 1 台钻床，承担多工序的加工任务，就被称为"单人负责多工序"。在丰田生产方式中，我们注重构建流水作业流程，当然会努力追求单人负责多工序的实现。单人负责多工序可以直接带来少人化的功效。对生产现场的作业人员来说，这会促进其从"单工种"向"多工种"发展。

**16. 必须构建"交接棒区"！**

在游泳接力赛中，速度快的人和速度慢的人所承担的任务距离是相同的。但是，在田径接力赛中，速度快的人可以利用交接棒区，通过多跑一点的方式来弥补速度慢的人的劣势。在生产线的作业过程中，采用田径接力的方式是比较理想的。现场监督人员要想提高生产线的加工效率，就必须事先构建好"交接棒区"。

**17. 不要人为制造"孤岛"**

如果作业人员的站立位置很分散，彼此之间就难以互相协作。如果在工作安排上下功夫，采用能够相互配合的作业安排、作业方式，也可以收到少人化的效果。如果能在生产现场构建灵活的流水线，就不会出现"孤岛状态"。

### 18. 生产的"均衡化"

在生产现场，产品数量的波动越大，造成的浪费也就越多。那是因为人们必须按照生产高峰期的水平配置设备、人员、库存以及其他各种生产所需的要素。如果后一道工序在时间、数量上都不能均衡地领取工件，这种不均衡会不断地传导至前面的各道工序，并且不断加剧。要避免包括外部协作企业在内的所有生产线上的不均衡现象，我们就必须努力消除总装配线上的不均衡现象。丰田汽车的各总装配工序不采用汇总组装的方法，而是采用制造一台一台各不相同车型的车的方法，实现了"均衡化"生产。

### 19. 压缩批量，迅速变换程序

为了均衡化生产，企业必须尽量缩小批量。在传统的计划生产的体制下，人们认为批量越大越好。对于总装配工序来说，要尽量避免连续装配同一车型。如果总装配工序缩小批量，那么作为前一道工序的冲压部门必须进行配合。冲压部门的作业人员必须频繁地变换冲压机的模具，即"变换程序"，其他的所有工序也都如此。迄今为止，人们在冲压机装上一个模具后就要尽可能多地连续冲压加工产品已经成为一种常识。然而，在丰田生产方式中，这种常识并不适用。作业人员必须迅速地变换模具。通过训练，作业人员的模具变换速度越来越快。1945 年至 1954 年期间，作业人员变换模具所需时间为两三个小时，1955 年至 1964 年期间，所需时间已经缩短到 1 小时以内，甚至达到了 15 分钟，后来更是缩短到了 3 分钟。

### 20. 把生产线停下来并不可怕！

那些不停运转的生产线，不是真正完美的生产线，就是存在重大问题的生产线。人们常常会将许多作业人员安排在生产线上，让生产线不停地运转。这样，问题就不容易暴露出来。这种做法完全不可取。重要的问题是，要先把生产线设计成可以根据需要随时停下来的，再通过反复改进，最后将其建成不需要停车的、基本性质良好的生产线。我们完全没有必要对生产线停车心怀恐惧。

### 21. 需求量 = 产量

在丰田生产方式中，所谓"产量"就是市场的"需求量"。因此，"需求量"也就是"销量"。市场需求与生产现场息息相关。我们不能在生产现场随意改变产量。提高效率也必须以"需求量"为前提来进行。这样就可以防止由产出过剩所造成的浪费。

## 22. "开动率"与"可动率"

"开动率"是目前的实际开动水平在机器全部开动的生产能力中所占的比率。销量不佳的时候，开动率当然会下降。反之，订单增加时，开动率也可以通过加班加点、倒班的方式而达到120%的水平。这种开动率的高低取决于根据产品需求量所做出的设备的选择。在丰田汽车中人们所说的可动率是想开动就能随时开动的能力。可动率达到100%是最理想的状态。为此，人们必须在切实做好机器保养工作的同时，努力缩短变换生产程序所需的时间。

## 23. 从"改善作业"到"改善设备"

生产现场的改善方案，大体上可分为"改善作业"方案和"改善设备"方案。所谓改善作业，指通过制定作业规章、调换部署、明确工件存放场所等方式的作业改进工作。所谓改善设备，指通过引进装置、实现设备自働化等方式的设备改进工作。改进设备需要花钱，而且没有后悔药可吃。我们引入丰田生产方式的时候，首先就彻底地实施了作业的程序化与标准化。通过这样做，我们解决了大部分的问题。如果我们当初先实施了改进设备方案，生产现场的人们便不会在改进作业方面付出努力了。因此，在执行改进作业方案之后执行改进设备方案，才是正确的选择。

### 24.赚钱的工业工程

工业工程是从美国引进的一种生产管理技术、经营管理技术。我们暂且不去管它的定义是什么。我们认为它是一种涉及整个生产现场的，立足于质量、数量、时机彼此协调基础上的，旨在降低成本的"制造技术"。丰田式工业工程并非学者们所说的那样，仅仅是采用了工业工程的手法，相反，它是一种能够直接降低成本的赚钱的工业工程，这才是它最大的特点。

# 后记

我的愿望就是设法让各位理解丰田生产方式的基本思想。丰田生产方式是一种置身于严峻的经济低速增长时期，通过人的努力和挖潜来降低生产成本的样本，而不是通过扩大产量来提高生产率进行实现成本降低的样本。

我就是怀着这种意识写下这本书的。在现实世界中，由于日元问题成了国际问题，日本经济所面临的局势也越来越复杂。看到这些，我的精神不由得紧张起来。我所从事的汽车行业在这两年通过出口扩大赢得了发展，但我认为这种发展已经达到了极限，我们必须尽早摆脱单纯追求数量的思维。

因此，目前整个日本产业界处在必须大胆转变观念的历史时刻，如果丰田生产方式能对这种转变有所裨益，我会感到万分荣幸。

本书得以最后完成与经济专栏编辑三户节雄先生的大力支持是分不开的。我坚信，如果没有他的热心协助，本书就不可能与各位读者见面。在此我特向三户先生表示感谢。

同时，通过阅读文献和记录，我再次感受了丰田佐吉老先生、丰田喜一郎先生的伟大之处。

最后，我向对支持本书出版的钻石社的各位同人深表感谢。